Jakob Lorber
Jenseits der Schwelle

Jenseits der Schwelle

Sterbeszenen

Durch das innere Wort des Geistes
empfangen von
Jakob Lorber

Lorber-Verlag Bietigheim

8. Auflage 1996.
© by Lorber-Verlag, D-74321 Bietigheim-Bissingen.
Vom Verlag nach der Urschrift neu durchgesehen
und mit einem Anhang versehen.
Alle Rechte vorbehalten.
Druck: Verlagsdruckerei Otto W. Zluhan.
Umschlag: Creativ GmbH Ulrich Kolb.
ISBN 3-87495-163-4

Vorwort

Die im vorliegenden Büchlein Jakob Lorber durch göttliches Diktat mitgeteilten Aufschlüsse über das Sterben, Erwachen und Fortleben in einer jenseitigen Welt erscheinen heute nicht mehr so unwahrscheinlich wie noch zu der Zeit, als diese Mitteilungen ergangen sind. Inzwischen hat die parapsychologische Forschung viel dazu beigetragen, die Menschen vom Fortleben nach dem Tode und der Weiterexistenz auf einer anderen Seinsebene zu überzeugen.

Über die jenseitigen Schicksale der Seelen ist jedoch noch immer wenig bekannt, da ja auch jede Seele entsprechend ihrem Erdenleben zunächst eine andere, eben ihrem inneren Zustand entsprechende Welt erwartet. Man kann sagen: Der Baum liegt, wie er fällt! Die Seele ist drüben – an Gedanken, Gefühlen, Begierden, Trieben, Wissen und Vorstellungen – zunächst allein auf das angewiesen, was sie von ihrem hinter ihr liegenden Erdenleben her in sich hat.

»Diese innere Gedanken-, Gefühls- und Triebwelt der abgeschiedenen Seele gilt es auf der neuen Seinsstufe durch Belehrung und Erfahrung fortzubilden und im göttlichen Sinne zu klären und zu vervollkommnen. Dies ist die Aufgabe der Seele sowohl, wie der zu ihrer Weiterbildung berufenen geistigen Hilfsmächte – eigentlich kein neues Unternehmen, sondern nur die sinnvolle Fortsetzung des bisherigen, irdischen Seelenbildungswerkes.

Damit enthüllt sich uns das ‚Ruhen und Schlafen der Toten‘, wovon der Volksmund und die Schrift der Grabsteine sprechen, in einem neuen Licht.

Der Zustand der hinübergegangenen, weltabgeschiedenen, ihrer fleischleiblichen Sinneswerkzeuge beraubten Seelen kann in der Tat der äußeren Erscheinung nach als ein

‚Ruhen' und ‚Schlafen' bezeichnet werden, und das erwähnte Gedanken-, Gefühls- und Triebleben entspricht vollkommen dem Phantasieleben unserer *Träume.* Wie bei unseren irdischen Schlafträumen unsere Seele mit ihrer Phantasiekraft sich die verschiedensten inneren und oft höchst lebendigen Traumerlebnisse und Traumbilder schafft — so vermag und tut sie das nun auch in ihrem der fleischlichen Hülle entrückten, jenseitigen Zustand.

Aber nun ist wiederum höchst wesentlich und bedeutungsvoll: dieses jenseitige Phantasie- und Traumleben wird nicht der Willkür der Seelen überlassen, sondern von den leitenden Geistern und Engeln weise beeinflußt und zu einem regen Innenleben gestaltet, das mit seinen sinnvollen Geschehnissen und Eindrücken die Seele ganz ebenso wie das einstige Erdenleben von Erfahrung zu Erfahrung leitet und dem Lichte höherer Erkenntnisse entgegenführt. Ähnliches erleben und erfahren manche Menschen ja auch schon diesseits in den von ihren Schutzgeistern gewirkten Wahrträumen. Und auf solche Weise — gleichsam durch ein verstärktes und andauerndes *Wahrträumen* — sollen die Seelen jetzt auch in dieser neuen, jenseitigen Schule es lernen, die alte, böse Selbstherrlichkeit und Selbstsucht der gefallenen Wesenheit zu überwinden und die Gottes- und tätige Nächstenliebe sich zum Gebot und zur Grundlage des Lebens und der Seligkeit zu machen.« (Dr. Walter Lutz)

So darf also die Seele durch die erbarmende Liebe und Weisheit des himmlischen Vaters, während sie wie träumend in den unteren oder mittleren Regionen der geistigen Welt lebt, innere geistige Erlebnisse teils angenehmer, wonnig lockender, teils peinlich erschreckender Art erfahren, bis sie durch dieses geistige »Fegefeuer« geläutert und aus ihrem Traumleben erwachend, in die lichten, reinen Sphären der Seligen aufzusteigen berufen wird.

Die in dieser Schrift geschilderten jenseitigen Schauungen und Erlebnisse hinübergegangener Seelen sind also nicht »reale« Wirklichkeit, sondern nur als geistige, von den Schutzmächten beeinflußte Traumerlebnisse zu verstehen. Nur der zum Schluß geschilderte »arme Mann« darf als eine in Demut und Liebe schon auf Erden hochgereifte Seele unter der Führung des Herrn Selbst sogleich zur reinen Geister- und Himmelswelt durchdringen und die selige Wirklichkeit des Himmels schauen und erleben.

Der Verlag

Ein Hinweis für den Leser

Bei Niederschrift der »Sterbeszenen« (Geisterszenen) empfing Lorber eine Zwischenkundgabe, die das Verständnis für das hier Mitgeteilte erleichtern soll und ihrer Wichtigkeit wegen den Texten vorangestellt sei. Auch will sie einer zuweilen erhobenen Kritik begegnen, die gewisse szenische Erlebnisse und Redensarten für unvereinbar mit der göttlichen Inspiration dieser Diktate zu halten vermeint — ohne zu bedenken, daß die Seele auch drüben vor ihrer Vereinigung mit dem Geiste nicht anders zu denken, reden und handeln vermag. Aus jener Kundgabe hier die Sätze:

...»Daß manche Szenen hier bildlich und wörtlich so wiedergegeben sind, wie sie in der Geisterwelt wirklich vor sich gehen, erfolgt deshalb, um dem Leser dieser Offenbarung einen anschaulichen Beweis davon zu geben: daß der Mensch nach Ablegen seines Erdenleibes ganz derselbe Mensch bleibt mit Haut und Haaren, mit seiner Sprache, seinen Ansichten, Gewohnheiten, Sitten, Gebräuchen, Neigungen und Leidenschaften. Ebenso seine daraus hervorgehenden Handlungen, wie sie auf der Welt bei seinem Leibesleben stattfanden. Dies alles, *solange* er nicht die völlige Wiedergeburt im Geiste erlangt hat. Deshalb heißt dieser Zustand nach dem Übertritt die ‚*naturmäßige* Geistigkeit‘, während ein voll wiedergeborener Geist sich im Zustande der ‚*reinen* Geistigkeit‘ befindet. Die Erscheinung der Örtlichkeit aber ist stets ein Aushängeschild von dem, wie die Geister innerlich hauptsächlich beschaffen sind«...

Möge dieser Hinweis namentlich dem neuen, mit den geistigen Lehren noch weniger vertrauten Leser das Studium der dargestellten Jenseitsszenen wie auch der großen Jenseitswerke, die ihres Umfangs wegen in gesonderten Bänden erschienen sind, erleichtern.

Inhalt

Die in diesem Buch enthaltenen Brückentexte und Klammereinfügungen in *Kursivschrift* sowie die Fußnoten sind vom Verlag. Die in der normalen Textschrift in Klammer gesetzten Einfügungen sind in der Urschrift Lorbers enthalten.

Einleitung

Am 27. Juli 1847

Der Bruder A. möchte wissen, wie sich der Übertritt aus dem materiellen ins geistige oder sogenannte jenseitige Leben gestaltet, besonders bei den weltlich Großen.

Dieser Übertritt ist sehr leicht und ganz natürlich zu beschreiben.

Siehe, welchen Unterschied macht wohl das Wasser, so entweder ein großer oder ein armer, unbeachteter Mensch hineinfällt? Höre, beide ertrinken auf die ganz gleiche Weise! Oder welchen Unterschied macht das Feuer? Höre, es verzehrt den Kaiser so gut wie den Bettler!

Wenn ein Bettler und ein Minister oder Kaiser von einem Turme fielen zur selben Zeit, so wird der eine so gut wie der andere seinen Tod finden durch den jähen Fall.

Welchen Unterschied wohl macht das Grab zwischen groß und klein, zwischen reich und arm, zwischen schön und häßlich oder jung und alt? Siehe, gar keinen! Alles verwest und wird zum Unflate der Würmer und endlich zum nichtigsten Staub.

Wie es aber dem Leib im Reiche der sogenannten Naturkräfte ergeht, ebenso ergeht es auch der Seele im Reiche der Geister. Ob sie auf der Welt Bettler oder Kaiser war, das ist im Geisterreich vollkommen gleich. Da wird niemandem eine sogenannte Extrawurst gebraten, auf daß niemandes Eigendünkel genährt werde und der Große nicht mehr von seiner Größe und der Arme nicht mehr von dem Anspruch aufs Himmelreich — da er auf der Welt viel Not gelitten — und der Fromme nicht mehr von seinem »Verdienst ums Himmelreich« geblendet werde. Wie aber schon öfter gesagt, drüben — wohlverstanden! — drüben gilt nichts als nur **die reine Liebe**.

Alles andere aber ist wie ins Meer geworfene Steine, wo der Diamant gleich dem gemeinsten Sandstein in den ewigen, stinkenden Schlamm versinkt. In sich bleiben sie zwar wohl, was sie sind und was sie waren außerhalb des Meeres, — aber das Los beider ist gleich, höchstens mit dem Unterschied, daß der Sandstein eher aufgelöst wird als der Diamant.

Also ist es jenseits auch mit dem diesweltlichen Adel oder mit der diesweltlichen Geringheit. Diese werden sich im Meeresschlamme der unerbittlichen Ewigkeit wohl in ihrer Einbildung noch lange als das dünken, was sie auf der Welt waren. Der Kaiser wird dort sich noch als Kaiser dünken und der Bettler — mit dem Anspruch auf Vergeltung — als Bettler. Aber dessenungeachtet werden in der großen Wirklichkeit dennoch beide miteinander im Meeresschlamme der Ewigkeit ein gleiches Los teilen. Nur dürfte der Arme eher in die Gärung kommen — und sein Wesen daher auch eher von den wahren, innersten Demutsbläschen angefüllt werden, die ihn dann aus dem Schlamme ziehen und hinauftragen zum ewigen Licht und Leben — als der Kaiser oder ein sonstiger Weltgroßer.

Nach diesem Muster oder nach dieser Kardinalregel könnt ihr den Hintritt eines jeden Menschen genau beurteilen. *Haltet euch daher an die Liebe*, auf daß ihr dereinst nicht des allgemeinen Loses teilhaftig werdet! Amen. Amen. Amen.

Erste Szene
Ein Berühmter

Gehen wir an das Krankenlager eines großen, äußerst berühmten Mannes der Welt — und zwar einige Stunden vor dem Hintritt in die Ewigkeit — und betrachten da sein Benehmen diesseits und seinen Eintritt ins Jenseits und wie sich da die zwei Welten begegnen und ineinander übergehen mit einem Blick, und es wird sich euch sogleich sonnenhell zeigen, wie so ganz und gar voll Wahrheit die vorhergehende Kardinalregel diese Sache darstellt.

Seht, dieses Menschen Taten und Handlungen in der Welt waren von solcher Art und wurden auf einem solchen Boden ausgeführt — von dem zumeist das resonierende Echo die ganze Erde durchschwirrt wie ein zischender Meteor —, daß sie aller Menschen Augen auf sich zogen und wegen des starken Bodenwiderhalls an allen Punkten der Erde vernommen und weidlichst pro und kontra besprochen und beschrieben wurden, und zwar auf so viel Papier, daß man damit ganz Europa überziehen könnte. Und nun liegt dieser große Mann, dieser Philanthrop, dieser hitzige Scheinverfechter politischer und kirchlicher Interessen seiner Nation hingestreckt auf seinem Lager voll Verzweiflung und Furcht ob der herbeigekommenen letzten Stunde, der zu entgehen sich für ihn auch nicht die leiseste Hoffnung mehr herausstellt.

In einer Art dumpfer, schmerzlichster Verwirrung sieht er — als heimlicher Atheist — bald die ewige Vernichtung seines Daseins, bald fühlt er wieder vermeintliche Schmerzen der Verwesung, darum er sich auch die Einbalsamierung testamentarisch bedingt, — und daß er im Grabe nim-

13

mer erwache, müssen Herz und Eingeweide von seinem Leibe getrennt werden, und damit diesen getrennten Teilen die Zeit nicht zu entsetzlich lang werde, müssen sie an solchen Orten beigesetzt werden, die nicht gar zu selten von Menschen besucht werden.

Aber mitten unter solche vernichtende Gedanken mischt sich auch der Katholizismus mit seinen scharfen Höllenandrohungen, über die der Mann bei sich freilich gelacht hatte, solange er noch hundert Jahre zu leben wähnte. Aber sie kehren nun wie leicht entflohene Furien zurück und peinigen das sich so mancher großen Schuld bewußte Gemüt unseres Sterbenden ganz entsetzlich, und es können sein Gemüt weder die Kommunion noch die Ölung, noch die ununterbrochenen Gebete und vielen Messen und das starke Glockengeläut beschwichtigen. Nur stets gräßlicher und stets ewiger sieht seine Seele die Flamme des Pfuhls emporschlagen.

Da entflieht all seine frühere Manneskraft und all seine Philosophie ist rein am Hunde, und sein brechendes Herz sinkt schon in die stets dichter und dichter werdende Nacht des Todes. Und die Seele, von allen Seiten von höchster Angst bedräut, sucht noch in den letzten Atemzugsperioden ein Trostfünklein in den schon tot werdenden Furchen des Herzens, das einst soviel irdischen Mut hatte. Aber da ist es überall leer und statt des Trostes starrt ihr überall entweder die ewige Vernichtung oder die Hölle mit all ihren Schrecken entgegen.

Also sieht es *diesseits* aus; nun aber machen wir auch einen Blick ins *Jenseits*.

Siehe, da stehen drei verhüllte Engel am entsprechend gleich aussehenden Lager unseres Sterbenden und betrachten unsern Mann mit unverwandtem Blick.

Nun spricht A zu B: »Bruder, ich meine, für den ist es

irdisch vollbracht. Auf dieser Dornhecke werden irdisch wohl nimmer Trauben zum Vorschein kommen. Sieh, wie sich seine Seele krümmt und windet und keinen Ausweg findet und wie gar so verkümmert der arme Geist in ihr aussieht! Daher greife du mit deiner Hand in die schon starren Eingeweide und entwinde diese gar jämmerlich elende Seele aus ihrer Nacht, und ich werde sie in des Herrn Namen anhauchen und sie erwecken für *diese* Welt. Und du, Bruder C, führe sie dann des Herrn Wege ihrem Bestimmungsorte zu nach der Freiheit ihrer Liebe. — Es geschehe!«

Nun greift der Engel B in die Eingeweide unseres Mannes und spricht: »Im Namen des Herrn — erwache und werde frei, du Bruder, nach deiner Liebe. Es sei!«

Nun sinkt diesseits die sterbliche Hülle in den Staub, jenseits aber erhebt sich eine blinde Seele!

Aber der Engel A tritt hinzu und spricht: »Bruder, warum bist du blind?« Und der Neuerwachte spricht: »Ich bin blind. Macht mich sehend, so ihr könnt, auf daß ich erfahre, was da mit mir vorgegangen ist, da mich nun auf einmal all meine Schmerzen verlassen haben!«

Darauf behaucht A die Augen des Erwachten, und der Erwachte öffnet sie und schaut ganz erstaunt um sich und sieht niemand außer den Engel C und fragt ihn: »Wer bist du? Und wo bin ich? Und was ist mit mir vorgegangen?«

Antwortet der Engel: »Ich bin ein Bote Gottes, des Herrn Jesu Christi, bestimmt, dich zu führen, so du willst, des Herrn Wege. Du aber bist nun für ewig gestorben für die äußere, materielle Welt körperlich und befindest dich nun in der Geisterwelt.

Hier stehen dir zwei Wege offen: der Weg zum Herrn in den Himmeln oder der Weg zur Herrschaft der Hölle. Es kommt nun ganz auf dich an, wie du wandeln wirst.

Denn siehe, hier bist du vollkommen frei und kannst tun, was du willst. Willst du dich leiten lassen von mir und mir folgen, so wirst du wohl tun. Willst du aber lieber dich selbst bestimmen, so steht es dir auch frei. Aber das wisse, daß es hier nur *einen* Gott, *einen* Herrn und *einen* Richter gibt — und dieser ist Jesus, der in der Welt Gekreuzigte! Auf Diesen allein halte, so wirst du zum wahren Licht und Leben gelangen. Alles andere aber wird sein Trug und Schein deiner eigenen Phantasie, in der du nun lebst und von mir dieses vernimmst!«

Darauf spricht der Erwachte: »Das ist ja eine neue Lehre und ist wider die Lehre Roms, also eine Ketzerei! Und du, der du sie mir hier an einsamem Orte aufdrängen willst, scheinst eher ein Abgesandter der Hölle als des Himmels zu sein; daher entferne dich von mir und versuche mich fürder nicht!«

Und der Engel C spricht: »Gut, deine Freiheit enthebt mich in des Herrn Jesu Namen meiner Sorge um dich. Daher werde dir *dein* Licht; es sei!«

Darauf entschwindet der Engel C, und der Neuerwachte tritt in seine *naturmäßige Sphäre* und ist so wie unter seinen Bekannten in der Welt und erinnert sich kaum mehr, was da mit ihm vorgefallen ist, und lebt nun — freilich schimärenhaft — wie auf der Welt, tut fort, was er auf der Welt tat, und kümmert sich wenig weder um den Himmel noch um die Hölle und noch weniger um Mich, den Herrn. Denn das alles sind bei ihm drei vage Lächerlichkeiten gleich einem Traumgebilde, und jeder ihn daran Erinnernde wird aus seiner Gesellschaft gewiesen.

Sehet, aus diesem ersten Exempel könnt ihr nun schon entnehmen, in welch ein »Wasser« unser großer, berühmter Mann gefallen ist. Die ferneren Beispiele werden diese Sache aber noch heller erleuchten.

16

Zweite Szene
Ein Gelehrter

Am 2.August 1847

Gehen wir an das Krankenlager eines Gelehrten, für dessen
irdische Lebenserhaltung — wie ihr zu sagen pflegt — kein
Kräutlein mehr gewachsen ist, und betrachten diesen zwei-
ten berühmten Mann, wie er sich in den letzten Stunden
noch diesseits befindet — und wie er drüben erwacht und
welche Richtung ihm seine Liebe gibt.

Der Mann, den wir nun betrachten werden, war auf der
Welt ein Philosoph und zugleich ein Astronom »in optima
forma«[1], wie ihr zu sagen pflegt.

Dieser Mann hat in seinem großen Eifer, die Sterne zu
mustern und zu berechnen, ein Alter von etlich siebzig
Jahren erreicht, hat sich aber bei einer anhaltenden Stern-
guckerei an einem sehr kalten Winterabend dergestalt abge-
kühlt, daß man ihn bei seinem Tubus[2] beinahe ganz er-
starrt angetroffen hatte, von wo er dann von seinem Freunde sogleich in seine erwärmte Wohnung gebracht und
augenblicklich mit der bestmöglichen ärztlichen Hilfe versehen ward, der zufolge er auch in der Zeit von ein paar
Stunden wieder soweit zurechtgebracht wurde, daß er seinen sogenannten letzten Willen seinen Freunden kundgeben
konnte, welcher also lautete:

»Im Namen der unerforschlichen Gottheit! Da man nicht
wissen kann, wie lange das unerforschliche Geschick einem
Menschen noch dies elende Leben belassen wird, und man
auch nicht weiß, welch ein Ersatz einem dafür zuteil wird,
so ist es mein Wille, daß ihr, meine lieben Freunde, zuerst

1 In bester Gestalt. 2 Fernrohr.

meinen Leichnam — so ich sterben sollte — durch Einbalsamierung vor der Verwesung bewahret und ihn in einem wohlvermachten Kupfersarge in eine Gruft bringet, darin schon mehrere meiner wertesten Kollegen ruhen und gewisserart meiner harren. Das Eingeweide aber, das da zuerst in Fäulnis übergeht, tuet in eine eigene Testinal-Urne unter Spiritus und setzet es in mein Museum an einen Ort, der jedermann sogleich in die Augen fällt, auf daß ich wenigstens in der Erinnerung der Menschen fortlebe, so schon an kein anderes Fortleben nach dem Tode des Leibes zu denken ist.

Was mein Vermögen betrifft, so wisset ihr, meine Freunde, es ohnehin, daß ein Gelehrter auf dieser Welt selten mehr besitzt, als er zu seinen täglichen geistigen und physischen Auslagen benötigt, und so ist es denn auch bei mir jetzt, wie es allezeit war. Ich habe kein Geldvermögen je gehabt und kann daher auch keines hinterlassen. Veräußert aber bald nach meinem Hintritt meine hinterlassenen Effekten und besorget damit das, was ich gleich anfangs anbefohlen habe.

Meine drei noch lebenden Kinder, die alle gut versorgt sind, benachrichtiget, wenn ich nicht mehr bin, und der älteste Sohn, mein Liebling, der mein Fach gewählt hat, soll der Erbe meiner sämtlichen Bücher und Schriften sein und soll ehestmöglich meine noch unedierten Schriften zum Drucke befördern.

Damit sei mein Wille beschlossen für diese schöne Sternenwelt, die ich fürderhin nimmer schauen und berechnen werde!

Ach, was ist doch der Mensch für ein elend Wesen! Voll erhabener Ideen, voll überirdischer Hoffnungen, solange er noch gesund auf der Erde umherwandelt, — aber am Rande des Grabes schwinden sie alle dahin wie die Träume und Luftschlösser eines Kindes und an ihre Stelle tritt die traurige Wirklichkeit, der Tod als der letzte Moment unseres Daseins und mit ihm die Vernichtung, die keine Schranken hat!

O Freunde! Es ist ein schwerer, schrecklicher Gedanke vom »Sein« bis zum »Nichtsein« für den, der — wie ich nun — am Rande des Grabes steht! Mein Inneres ruft mir zu: ‚Du stirbst, du stirbst jetzt! Nur wenige Minuten noch und über dein ganzes Wesen hat sich die schwarze Nacht der ewigen, schrankenlosen Vernichtung gesenkt!‘ O Freunde, dieser Zuruf ist erschrecklich für den, der am Grabesrande steht, mit dem einen Auge noch die lieben schönen Sterne beschaut und mit dem andern die ewige tote Nacht, in der keine Idee die Moderasche durchweht, kein Bewußtsein, keine Erinnerung!

Wohin, wohin wird dieser Staub in tausend Jahren verweht werden? Welcher Orkan wird ihn aus dem Grabe entwirren, und welche Meereswoge wird ihn dann wieder verschlingen oder welch anderes neues Grab?

O Freunde! Reicht mir einen Trank, denn ich bin ganz entsetzlich durstig! Einen Trost gebt mir zur Linderung meiner großen Angst! Gebt mir den besten Wein — und viel, damit ich mich noch einmal erquicke und berausche und leichter den schrecklichen Tod erwarte!

O du furchtbarer Tod, du größte Schande für den erhabenen Menschengeist, der so Herrliches erschaffen hat und Entdeckungen gemacht, die ihm zur größten Ehre gereichen! Dieser Geist muß nun sterben, die größte Schande ist sein Lohn: der Tod, die ewige Vernichtung!

O Fatum, o Gottheit, habt ihr ewige Sterne kreieren können, warum nicht auch einen Menschen, der nicht stürbe?! O du Tollheit, wie groß mußt du sein in der Gottheit, die ein Vergnügen daran hat, Erhabenstes zu erschaffen, um es dann wieder zu zerstören auf ewig oder zu bilden aus Menschen schändlich Gewürm oder Infusorien!

Muß ich denn sterben? *Warum* muß ich denn sterben? Was tat ich, was taten Millionen, daß sie sterben müssen? Wahrlich, in einem Tollhause hätte eine bessere Schöpfungsnorm statuiert werden können, als diese sterbliche da ist, gestellt von einer höchst weise sein sollenden Gottheit!«

Hier ermahnten die umstehenden Freunde und Ärzte unseren Astronomen zur Ruhe, die ihm not tue, so er wieder genesen wolle. Denn es stünde ja noch nirgends geschrieben, daß er nun wegen dieser freilich wohl sehr starken Verkühlung sterben müsse, wohl aber könnten ihm solche mächtigen Gemütsaufregungen im Ernste das teure Leben kosten.

Diese Mahnung aber fruchtete bei unserem Astronomen sehr wenig, denn er fuhr darauf nur desto ärger auf und sprach in einem höchst aufgeregten Ton: »Weg, weg mit eurer Hilfe! Weg mit diesem elenden verfluchten Leben! Wenn der Mensch nicht ewig leben kann, dann ist das Leben die größte und schändlichste Prellerei und der Tod und das Nichtsein nur die Wahrheit! Schämen muß sich der Weise eines solchen Scheußlebens, das nur von heute bis morgen dauert! Ich *will* daher auch nicht mehr leben! Mich ekelt nun dieses miserabelste Leben tausendmal mehr an als der elendeste Tod; daher gebt mir Gift, stärkstes Gift gebt mir, auf daß ich ehestens dieses Scheußlebens loswerde! Verflucht sei solch ein Leben, solch ein Mückenleben, und ewige Schande der Urkraft oder Gottheit oder welch ein Kloakengeist sie sonst ist, die es nicht *konnte* oder nicht *wollte*, dem erhabenen Menschen ein Leben zu geben, das sich mit den Sternen auch der Dauer nach messen könnte! Daher weg mit diesem Leben, weg mit dieser Gottheitsprellerei! Kann sie dem Menschen kein besseres

Leben geben, so soll ihr auch für das gepfiffen sein, das mag sie für sich behalten! Lebt wohl, ihr meine lieben Freunde, ich sterbe, ich *will* sterben, ja ich *muß* sterben; denn nun könnte ich als ein erhabenster Menschengeist nimmer die Schande dieses Fopplebens ertragen!«

Hier ermahnen die Ärzte unseren Astronomen wieder zur Ruhe. Aber er verstummt und gibt keinen Bescheid mehr. Die Ärzte reichen ihm Moschus, aber er schleudert ihn von sich. Die Ärzte bitten ihn, daß er Medizin nehmen solle, aber er wird stets stummer und fängt an zu röcheln. Man reibt ihn und sucht ihn wieder aus dieser Lethargie zu retten, allein es ist vergeblich. Nach einer Zeit von ein paar Stunden legt sich zwar das Röcheln, aber an seine Stelle tritt ein grelles Delirium — in der Welt also erscheinlich —, in welchem der Astronom folgendes mit einer hohlen Kreischstimme aussagt:

»Wo seid ihr denn, die ich so sehr liebte, ihr schönen Sterne? Schämt ihr euch meiner denn, weil ihr euer holdes Antlitz vor mir verberget? O schämt euch meiner nicht! Denn euer harret ja ein gleiches Los, das mich nun getroffen. Ihr werdet auch sterben, wie ich nun gestorben bin! Aber grollet darum dem schwachen Schöpfer nicht, wie ich ihm gegrollt habe. Denn seht, er hatte sicher wohl den besten Willen, aber zu wenig Weisheit und Kraft, darum alle seine Werke so hinfällig und vergänglich sind. Er hätte freilich wohl besser getan, wenn er nie etwas erschaffen hätte, wodurch er sich bei uns, seinen weisen Geschöpfen, nur blamiert hat; denn ein unvollkommenes Werk läßt auf keinen vollkommenen Meister schließen! Daher nicht mehr gegrollt dem armen Hascher von einem Schöpfer, der am Ende zu tun haben wird, sich selbst über die schrankenlose Vergänglichkeit all seiner Werke hinaus zu erhalten.

O du armer Schöpfer du! Jetzt sehe ich es erst ein, daß

du wohl ein recht gutes Wesen bist und selbst die größte Freude hättest, so dir deine Schöpfung besser gelungen wäre, aber: ‚Ultra posse nemo tenetur'[1]. Ein Schelm, der's besser machen will, als er's kann. Du aber hast es nicht über dein Vermögen besser gemacht, daher bist du auch kein Schelm!

O du armer guter Mensch Jesus, der du der Welt wohl die weiseste Moral gegeben hast unter mehrfachen Scheinwundern! Du hast dich auch zu viel auf deinen vermeintlichen Gott-Vater verlassen, der dich gerade dann ob seiner evidenten Schwäche im Stiche ließ, als es gerade am meisten an der Zeit gewesen wäre, dich am mächtigsten mit einer Allkraft zu unterstützen, mit der du deine Feinde hättest wie Spreu verwehen können! Als du am Schandpfahle hingst, war es freilich wohl zu spät auszurufen: ‚Mein Gott, mein Gott, warum hast du mich verlassen!?' Denn sieh, dein Gott hat dich schon lange verlassen müssen, weil ihm für deine wie nun für meine Erhaltung die Kraft ausgegangen ist! Er tat zwar, was er konnte, und hätte auch gern mehr getan, aber siehe, da gilt immer das ‚ultra posse nemo tenetur'! —

Ah, das ist aber doch lächerlich! Jetzt bin ich gestorben und lebe aber dennoch — wie ein gefoppter Esel! Das Rarste bei der Sache ist, daß es mir nun geradeso vorkommt, als wäre es die reinste Unmöglichkeit, je sterben zu können! — Wo aber nur die Erde hingerutscht ist, und meine guten Freunde? Ich sehe zwar nichts und höre auch nichts, außer mich allein nur, aber ich bin dabei bei hellstem Bewußtsein, und meine Erinnerung erstreckt sich nun ganz klar bis tief und weit über den Mutterleibesstand zurück. Es ist wahrlich sonderbar! Sollte die Gottheit mir etwa zeigen wollen,

---

1 »Niemand vermag etwas über Vermögen«.

daß sie mehr vermag, als ich in dieser meiner letzten Zeit von ihr erwartet habe? Oder lebt noch mein Leib im allerletzten Vernichtungsmoment und mein nunmehriges Leben gleicht dem Nachglanz jener Sonnen, die vor Trillionen Jahren erloschen sind und nur in der Emanation ihres Lichtes durch den unendlichen Raum fortleben?

Aber für solch ein Scheinleben, das — mathematisch richtig — wohl auch ewig dauern muß, weil der ausgehende Strahl nie an eine endliche Grenze stoßen und somit nie völlig aufhören kann, bin ich mir meiner selbst nun zu klar bewußt, ja tausendmal klarer als je irgendwann in meinem ganzen irdischen Leben. Nur, wie gesagt, daß ich nichts höre und sehe außer mich allein. — Aha, aha, still nun! Mir kommt es vor, als vernähme ich ein leises Gemurmel, ein Geflüster! Auch will sich meiner wie ein leiser, sehr süßer Schlaf bemächtigen. Und doch ist es kein Schlaf,— nein, nein, es ist nur, als ob ich von einem Schlafe erwachen sollte!? — Doch nun stille, stille; ich höre Stimmen aus der Ferne, bekannte Stimmen, sehr bekannte Stimmen! Stille, sie kommen, sie kommen näher!«

Hier verstummte unser Astronom völlig und bewegte auch die Lippen nicht mehr, woraus die ihn umstehenden Freunde und Ärzte schlossen, daß es nun mit ihm völlig aus sein werde, da ohnehin die halbe Rede, die hier angeführt ist, von den Umstehenden mehr als ein röchelndes Gekreische denn als ein artikulierter Ausdruck vermeintlicher innerer Phantasie des starr werdenden Organismus vernommen ward.

Die Ärzte schritten zwar wohl noch zu den extremsten Wiederbelebungsmitteln — aber sie waren nun fruchtlos — und ließen dann den nach ihrer Meinung in die tiefste Lethargie versunkenen Astronomen ruhen und warteten ab, was die Natur von selbst zum Vorschein bringen werde.

Aber sie warteten vergeblich, denn die Natur brachte da weiter nichts zum Vorschein als den bald wirklich erfolgten Leibestod.

Wo aber für der Ärzte Natur die »ultima linea rerum«[1] erfolgt ist, da empfehlen sie sich. Und wir empfehlen uns auch, aber nicht wie die Ärzte, sondern wie Geister, die dem für diese Erde gestorbenen Manne auch ins Jenseits folgen können und beobachten, was er da beginnen wird und wohin sich wenden.

Sehet, da ist er noch ganz wie auf der Welt auf seinem Lager — und daneben niemand außer die drei euch schon bekannten Engel. Und dort hinter den drei Boten noch Jemand!

Hört, noch redet er und spricht: »Siehe, nun höre ich wieder nichts. Was waren denn das früher für akustische Täuschungen? Hm, hm, nun alles mäuschenstill. *Bin* ich denn noch, oder ist es aus mit mir? Oh, aus ist es auf keinen Fall, denn ich fühle mich ja, ich bin mir klarst bewußt, ich denke, ich erinnere mich an alles haarklein, was ich je verrichtet habe, — nur die Nacht, Nacht, die verruchte Nacht, die will nicht weichen! Ich will einmal aus Spaß doch zu rufen anfangen, und das so laut als möglich. Vielleicht wird mich per Spaß doch jemand vernehmen?! — Heda! — Niemand in meiner Nähe, der mir aus dieser Nacht hülfe?! Zu Hilfe, so da jemand sich zufällig irgend in meiner Nähe befindet!«

Nun meldet sich der Bote A und spricht zu B: »Bruder, hebe ihn aus seinem Grabe!« Und der Bote B beugt sich über den Astronomen und spricht: »Es geschehe dir, wie es der Herr allen Lebens und Seins ewig gleich will, — erhebe dich aus deinem irdischen Grabe, du irdischer Bruder!«

1 »Das letzte Ziel der Dinge«.

Seht, nun erhebt sich im Augenblick der Astronom und sein Leib fällt wie ein aufgelöster Dunst zurück! Aber der Astronom ruft: »Bruder, hast du mich aus dem Grabe gezogen, so ziehe mich auch aus meiner Nacht!« Und der Bote C spricht: »Also ist es von Ewigkeit des Herrn Wille, daß alle Seine Geschöpfe, und ganz besonders Seine Kinder, *Licht* haben und im Lichte wohlsehend wandeln sollen. Sonach öffne deine unsterblichen Augen und sehe und schaue, was dir wohlgefällt. Es sei!«

Nun öffnet der Astronom in der geistigen Welt zum ersten Mal seine Augen und sieht klar seine Umgebung und hat eine rechte Freude, daß er — nach seiner Idee — nun wieder Menschen sieht und einen Boden, auf dem er fußt. Nun fragt er aber: »Liebe Freunde, wer seid ihr denn? Und wo bin ich? Denn mir kommt es hier zum Teil sehr heimelig und zum Teil doch wieder sehr fremd vor. Auch bin ich so leicht und ungewöhnlich gesund und begreife nicht so recht, wie ich hierher gekommen bin und wie eurer Worte Kraft mich sehend gemacht hat. Denn ich war im Ernste stockblind!«

Der Engel A spricht: »Du bist für die Welt dem Leibe nach gestorben und bist nun — für ewig lebend deiner Seele und deinem Geiste nach — hier in der eigentlichen wahren Welt des Lebens der Geister. Wir drei aber sind Engel des Herrn, zu dir gesandt, dich zu erwecken und zu führen den rechten Weg zum Herrn, deinem Gott und unserem Gott, zu deinem Vater voll Liebe, Geduld und Erbarmung, Der auch unser Vater ist, heilig, überheilig, Den du in deiner letzten Erdenstunde ‚eine schwache Gottheit‘ nanntest, da du blind warst, Der dir aber auch alles verzieh, darum, weil du blind und schwach warst! Nun weißt du alles, tue nun danach und du wirst überselig sein gleich uns ewig!«

Der Astronom spricht: »Brüder, Freunde Gottes, führt

mich, wohin ihr wollt, ich folge euch! Aber wenn ich je der endlosen Gnade sollte teilhaftig werden, zur Anschauung Gottes zu gelangen, da stärket mich gewaltigst! Denn zu elend, schmachvoll und unwert fühle ich mich für ewig, diesen heiligsten Anblick zu ertragen! — Aber dort sehe ich ja noch jemanden, der uns gar so freundlichst anblickt! Wer ist denn dieser Herrliche? Sicher auch ein Bote der Himmel?«

Der Engel A spricht: »Ja, wohl ein Bote *aller* Himmel! Gehe hin zu Ihm, der Weg ist kurz. Er Selbst wird es dir offenbaren.«

Der Astronom geht hin, und der gewisse Jemand geht ihm entgegen und spricht: »Bruder, kennst du Mich denn nicht?« Und der Astronom antwortet: »Wie sollte ich dich kennen, sehe ich dich doch zum ersten Male?! Wer bist du aber, du lieber, herrlicher Bruder?«

Der Freundlichste spricht: »Siehe an Meine Wundmale! Siehe, Ich bin dein schwacher Jesus und komme dir entgegen, um mit *Meiner Schwäche* zu helfen *deiner Schwäche*; denn käme Ich mit Meiner *Kraft* dir entgegen, so hättest du kein Leben! Denn siehe, jedes beginnende Leben ist eine zarte Pflanze, die ohne Luft nicht fortkommt, aber der Orkan tötet das Leben der Pflanze! Also bin Ich nun auch nur ein zartes Lüftchen, dir entgegenkommend, um dich voll zu beleben, und kein Orkan, dich zu zerstören. Liebe Mich, wie Ich dich liebe von Ewigkeit, so wirst du das wahre ewige Leben haben!«

Spricht der Astronom: »O du mein allergeliebtester Jesus! Du also bist es, — der die herrlichste Lehre den Bewohnern der Erde gegeben und sie dich dafür gekreuzigt haben!? O lehre auch mich den rechten Weg, der zu Gott führt, den du gelehrt hast; von mir sollst du dafür nie gekreuzigt werden! Aber, so es dir möglich, lasse mich dabei auch die große Schöpfung in ihrer Klarheit beschauen, die mich durch mein ganzes Leben so sehr beschäftigt hat!«

Spricht Jesus: »Dein Weg zu Gott wird nicht weit sein, so du ihn sogleich betreten willst; willst du aber zuvor deine Sterne durchmustern, dann wirst du einen langen Weg haben. Wähle nun, was du lieber willst!«

Spricht der Astronom: »Mein geliebtester Jesus, siehe, für Gott bin ich noch lange nicht reif. Daher sei mir, so es dir möglich ist, behilflich, daß ich in den Gestirnen reif werde.«

Spricht der Herr: »Es geschehe dir nach deiner Liebe! Aus diesen drei Engeln wähle dir einen, der dich führen wird und dir am Ende deiner Reise zeigen, *Wer* dein vermeintlicher Jesus ist, Den du als einen Menschen kennst, der gekreuzigt ward!« —

Sehet nun wieder, wie dieser Astronom *sein* »Wasser« sucht und nur im selben Mir zuschwimmen will, nicht beachtend, daß Ich schon bei ihm und er bei Mir war! Daher hütet euch vor dem zu gelehrten Wasser der Sternkundigen und Geologen, denn es hat seinen Zug nicht nach Mir, sondern nach der Liebe des Gelehrtenfaches! — Zu diesem Zweck dies längere Exempel. — Amen.

Dritte Szene
Ein Reicher

Da sind wir schon wieder am Sterbebett eines Mannes, der sehr reich war, seinen Reichtum rechtmäßig verwaltete, seine Kinder möglichst wohlerzog und dabei die Armen stets bestens bedachte, — freilich mitunter auch manchmal für ein sogenanntes vergnügtes Stündchen jene armen, aber jungen Schwesterchen, die um einen Herzogspfennig (Dukaten) für allerlei lustige Dinge zu haben sind. Daneben aber hielt er im Ernste große Stücke auf die Heilige Schrift, las oft und fleißig darin und glaubte fest, daß Jesus der eigentliche Jehova ist, denn er lernte solches aus Swedenborgs Werken, von denen er in seinen Musestunden bis auf einige kleine Werkchen alle gelesen hatte.

Solche seine Belesenheit aber machte ihn auch sehr aufbrausend, so er jemanden über Jesus gleichgültig oder gar schmählich reden hörte, und befand sich irgend ein solcher »Antichrist« in seiner Gesellschaft, so mußte dieser sich beizeiten aus dem Staube machen, ansonst er wohl die übelsten und sehr handgreiflichen Folgen zu befürchten hatte. Kurz und gut, unser Mann war ein vollkommener strenger Held fürs reine Christentum.

Dieser Mann erkrankte in seinem bedeutend vorgerückten Alter, und zwar infolge einer großen Festtafel, bei der er des Guten schon ohnehin zuviel tat, und nach der Tafel besonders ob des — wegen des durch die vielen starken Weine zu sehr aufgereizten Blutes — gepflogenen zweimaligen Beischlafes mit einer jungen, fleischlich sehr üppigen Schwester.

Als unser Mann nach solcher Expedition nach Hause

kam, empfand er einen leichten Schwindel, den er für ein »Räuschel« hielt. Aber er irrte sich. Kaum war er im Begriff ins Bett zu steigen, als ihm schon die Füße den Dienst versagten. Er stürzte für die Welt bewußtlos zusammen und war — wie ihr zu sagen pflegt — auch schon mausetot.

Daß die Seinigen — zutiefst erschreckt — augenblicklich alles aufboten, ihren Hausvater zu erwecken, versteht sich von selbst. Aber es war vergebliche Mühe, — denn was einmal von den Engelsgeistern geholt wird, das erwacht für diese Welt nimmer.

Es ist daher bei diesem Manne diesseits nicht viel mehr zu beschauen und zu behorchen, darum wollen wir uns aber auch sogleich in die Geisterwelt begeben und sehen, wie sich unser Mann dort ausnimmt, was er beginnt und wohin er sich wendet.

Vor allem aber müßt ihr wissen, daß Menschen, die von einem Totalschlag gerührt werden, durchaus nicht wissen und auch nicht im geringsten merken, daß und wie sie gestorben sind. Sie finden keine Veränderung — weder ihres Hauswesens, wie sie es auf der Erde hatten, noch in ihrem Befinden, außer daß sie ganz gesund sind, was sie aber gewöhnlich auf der Welt auch waren. Desgleichen sehen sie auch keine Engel, obschon diese nahe bei ihnen sich befinden, und vernehmen auch nicht das Geringste aus der Geisterwelt, in der sie sich doch vollkommen befinden. Kurz und gut, sie sind in allem und jedem wie noch ganz auf der Welt. Sie essen und trinken, sie leben in ihrem wohlbekannten Ort, in ihrem Hause und vollends in ihrem Familienkreis, da ihnen sozusagen kein teures Haupt fehlt.

Also war und ist es auch mit unserem Manne der haargleiche Fall, — seht, nun schon in der Geisterwelt! Er steigt ganz guter Dinge in sein Bett in seinem wohlbekannten Schlafzimmer, das hier ganz auf ein Haar mit all dem eingerichtet ist wie das auf der Erde. Seht, wie ganz gemächlich er sich im Bette ausstreckt und den Schlaf sucht und erwartet! Aber dieser einzige Umstand macht unseren Mann etwas stutzig, daß er diesmal zu keinem Schlafe kommt, — denn der Schlaf ist den Geistern fremd. Sie haben wohl auch einen entsprechenden Zustand, der dort Ruhe heißt, aber im wesentlichen nicht die leiseste Ähnlichkeit mit dem irdischen Schlafe hat.

Behorchen wir nun aber unseren Mann selbst und sehen, wie er sich in seinem neuen Zustande benimmt und wie er ihm vorkommt. Hört, was er nun im Bette spricht: »Du, Lini, schläfst du?« Die Lini (sein Weib) richtet sich auf und fragt: »Was willst du, lieber Leopold, fehlt dir etwas?« (NB. Weib und Kinder und sonstige zum Hause Gehörige werden durch eigens dazu beorderte Geister wie verdeckt dargestellt.) Spricht der Mann: »Nein, mir fehlt gerade nichts, ich bin, Gott sei's gedankt, ganz kerngesund. Nur kein Schlaf, aber auch nicht die leiseste Anmahnung zum Schlafe will sich meiner bemächtigen. Geh und gib mir meine Schlafpillen, ich werde ein paar verschlucken, vielleicht wird sich's nachher tun.«

Die Lini steht sogleich auf und erfüllt den Willen des Mannes. Die Pillen sind nun »verschluckt«, aber der Schlaf bleibt noch immer aus.

Der Mann spricht nach einer Weile: »Lini, geh, gib mir noch ein paar, denn sieh, mir kommt noch kein Schlaf, ich werde nur stets munterer statt schläfriger.«

Lini spricht: »Geh, laß die Pillen, könntest dir damit noch den Magen verderben. Pflege dafür lieber mit mir einen Beischlaf, und du wirst dadurch vielleicht eher zu einem Schlafe kommen, wenn du denn schon durchaus schlafen willst.«

Spricht der Mann etwas betroffen: »Ja liebe Lini, mit dem

Akte wird's nun bei mir etwas hart hergehen; denn du weißt es ja schon aus langer Erfahrung, daß ich nach einem großen Schmause dazu nie disponiert bin. Denn da versagt mir die Natur allzeit den gewissen erforderlichen Dienst. Daher gib mir doch lieber noch ein paar Pillen!«

Spricht das Weib: »Sonderbar, mein lieber Herr Gemahl! Man spricht aber doch, daß sich der reiche, gottesfürchtige Leopold gewöhnlich nach solchen Festtafeln zu einer gewissen Cilli begebe und dort seinen Mann derart stellen soll, daß sich daran ein Jüngling ein Beispiel nehmen könnte. Aber so nachher daheim die treue, freilich wohl schon etwas mehr bejahrte Lini merken läßt, daß sie des Leopolds Weib ist und manchmal aus gewissen Gründen auch zu keinem Schlafe kommen kann, da hat der Leopold dann allzeit tausend theosophische, philosophische und Gott weiß was alles noch für Gründe, des Weibes billiges und ohnehin sehr seltenes Verlangen zu beschwichtigen! Schau Leopold, du Freund der Wahrheit, wie kommt es dir denn so geheim bei dir vor, so du mich, dein allzeit getreuestes Weib, so schnöde und wahrhaft scheinheilig anlügst? Wie oft hast du mir die Schändlichkeit des Ehebruchs mit den grellsten Farben ausgemalt! Was sagst du aber nun zu dir selbst, so ich es dir sonnenklar bezeigen kann, daß du selbst ein Ehebrecher bist?!«

Spricht der Mann ganz verdutzt: »Lini, liebes Weib, woher weißt du denn solche Taten von mir? Wahrlich, so etwas könnte ich nur in einem dicksten Rausche getan haben, — und habe ich's getan, so rechne ich darauf, daß du mit einer menschlichen Schwäche an mir auch eine christliche Geduld haben wirst und wirst davon weiter keinen unser ganzes Haus entehrenden Gebrauch machen! Sei gescheit, liebes Weib, sei gescheit und rede nicht mehr davon; denn sieh, deswegen habe ich dich dennoch überaus lieb! — Sei nur wieder gut, sei gut, mein liebes Weiberl, ich werde so was in meinem ganzen Leben nimmer tun!«

Spricht die Lini: »Ich glaub's auch. Wenn man schon sein ganzes hindurch so gelebt hat und sein treues Weib wenigstens alle vierzehn Tage einmal betrogen und ein paarmal sich sogar eine abscheuliche Krankheit geholt hat, da wird es freilich wohl an der Zeit sein, von derlei Verrichtungen abzustehen, von denen in der Schrift geschrieben steht: ,Hurer und Ehebrecher werden in das Himmelreich nicht eingehen!' Sage mir du, mein in aller Gottesgelehrtheit wohlunterrichteter Mann! — was wohl würdest du nun tun, so dich der Herr plötzlich abriefe? Wie sähe es da mit deiner Seligkeit aus? Oder hast du es vom Herrn etwa schriftlich, daß Er dich so lange wird leben lassen, bis du dich bessern wirst aus deines Lebens Fundament? — Ich möchte aber noch wegen der gewissen Schwester Cilli nichts sagen; aber die unverkennbare sinnliche Neigung, die du zu unserer eigenen ältesten Tochter, bevor sie heiratete, auf eine Weise kundgetan hast, die dir einen unvergänglichen Schandfleck vor Gott und allen Menschen, so sie es wüßten, auf deine gottesgelehrte Stirne gedrückt hat, — sage, was soll ich denn dazu sagen?! Oder was wird Gott dazu sagen?!«

Spricht der Mann noch viel mehr verdutzt: »O Weib, du fängst an, mich im Ernste zu quälen. Freilich, leider mit allem Recht, denn es wäre mehr als läppisch von mir, so ich es dir negieren möchte. Aber weh tut es mir dennoch, und ich begreife überhaupt gar nicht, wie du, meines Wissens, durch unsere ganze Ehezeit nichts davon erwähntest und nun alle Schleusen auf einmal öffnest und mich förmlich vernichten willst!?

Bedenke, daß wir Menschen alle schwach sind in unserem Fleische, wenn wir auch den willigsten Geist haben, und du wirst mir alle meine Schwächen leicht verzeihen! Bedenke, daß der Herr die Ehebrecherin nicht gerichtet hat, so wird wohl auch ein reuiger Ehebrecher bei Ihm Erbarmung finden! Und also richte auch du, liebes Weib, mich nicht; denn ich bekenne und bereue ja meine große Schuld an dir samt dem leidigen Vergehen an unserer verheirateten Tochter! Der Herr Jesus vergebe es mir, wie du es mir vergibst!«

Das *Schein*weib spricht: »Gut denn, so sei dir alles Geschehene vollends vergeben. Sieh aber zu, daß du in Zukunft von deiner vorgeschützten Schwäche keinen Gebrauch mehr machst, sonst wirst du wenig Segen von dieser meiner vollsten Nachsicht haben! Ich werde dich daher noch eine Zeit ertragen — und sehen! — Aber schlafen wirst du nimmer, denn sieh und höre! Du bist nicht mehr auf der Erde, sondern hier in der Geisterwelt! Und Ich, die du nun als dein oft berücktes Weib ansahst, bin nicht dein Weib, sondern — siehe her! — Ich bin dein Herr und dein Gott! Belasse dich aber, so du willst, wie du nun bist; willst du aber weiter, so folge Mir hinaus aus diesem deinem alten Schandgemach!«

Der Mann erkennt Mich und fällt wortlos vor Mir auf sein Angesicht.

Ich aber sage zu ihm: »Richte dich empor; denn deine Liebe ist größer denn deine Sünde, daher sei dir alles vergeben! Aber bei Mir kannst du noch nicht Wohnung nehmen, solange dir noch Irdisches anhängt. Siehe aber, dort stehen Engel in Bereitschaft, die werden dich führen die rechten Wege. Und wenn dein irdisch Haus wird von diesen deinen Führern mit der Not und Armut geschlagen sein, dann wirst du bei Mir ein neues Wohnhaus finden für ewig. Amen!«

Seht, das ist wieder ein anderes »Wasser«. Manche verharren länger in dem Naturzustand, wie da der war dieses unseres Exempel-Mannes; dieser aber war nur darum sehr kurz, weil er auf der Welt viel Liebe-Gutes tat, und weil er für sein Vergehen sogleich ernstliche Reue bezeigte.

Vierte Szene

Ein Stutzer

Hier die letzte Stunde und der frühe Tod eines Stutzers, der außer Tabakrauchen, Spielen, Fressen, Saufen und Courmachen aller schöneren weiblichen Welt und vortrefflich Tanzen nebst Walzerspielen auf einem Flügel — eben dieser schönen Welt zuliebe — nicht viel kannte, obschon er fast seine ganze Zeit auf den Kollegien und Universitäten zugebracht hatte. Unser vorgeführtes Stück von einem Stutzer war der Sohn ziemlich reicher Eltern, die diesen ihren hoffnungsvollen, über die Maßen verzärtelten Sohn natürlich nichts anderes als studieren ließen, sobald er nur das ABC aus der Hand gelegt hatte.

Damit es aber dem zarten Knäbchen beim schweren Studieren der lateinischen Sprache ja doch nicht gar zu schwer geschehen solle, so ward er fürs erste in ein sehr gutes Kosthaus gegeben, damit er gehörig zu essen haben und natürlich wachsen solle, aber freilich nicht an Weisheit und Gnade vor Gott und den Menschen, sondern nur am Leibe. Und daß ihm das angestrengte Studieren ja nicht etwa eine Abzehrung an den Hals zöge, so durfte er jedes Jahr repetieren, falls er es nicht so weit bringen konnte — natürlich mit der leichtesten Mühe —, eine Schule in einem Jahre durchzumachen. Zu dem Behufe wurden auch die Professoren zu jeder Zeit, besonders in den unteren Schulen, aufs gehörige gespickt und für jeden Gegenstand ein sanftmütigster Instruktor aufgenommen.

Auf diese Weise rutschte unser Student wohl mit genauer Not durch die unteren Schulen; nur in den Kopf ist ihm auf diese Art wenig oder nichts hineingerutscht. Die Folge davon war, daß er in den höheren Schulen dann fortwährend steckenblieb. Und da ihn gewöhnlich das Studieren anekelte, so verlegte er sich danebst hauptsächlich auf die oben angeführten Freikünste, nämlich aufs Tabakrauchen, Spielen, Fressen, Saufen etc.

Nach zurückgelegten Studien und überall mittelmäßig gemachten Prüfungen versuchte er sich in den Kanzleien zwar, aber diese Papier- und Tintenluft mundete ihm nicht; er bekam von seiner Mutter ja stets soviel Geld, daß er sich auch ohne Kanzlei ganz kavaliermäßig durchbringen konnte. Dabei machte er allen noblen Mädchen den Hof und einer nach der andern Heiratsanträge, wodurch es denn auch geschah, daß aus lauter Hoffnungmacherei auf verheißene Heiraten recht viele von ihm angebetete Holde in die wirkliche »Hoffnung« *ohne* Heirat kamen.

Nebst diesen mit blinden und dadurch, wie bemerkt, sehr oft mit freilich unangenehmen, dafür aber lebendigen »Hoffnungen« dotierten Holden verlegte sich unser »Staatsmann« aber auch auf andere weibliche Wesen, die er, ohne ihnen zuvor das Heiraten zu versprechen und Hoffnung zu machen, allzeit um einen leichten Sold haben konnte und nicht zu fürchten hatte, daß diese Grazien von ihm dadurch in eine gewisse andere »Hoffnung« gesetzt werden könnten.

Aber dabei geschah es denn auch nicht selten, daß er mit der Syphilis in allen Graden zu tun bekam und am Ende so stark, daß selbst die erfahrensten Ärzte auf diesem Felde ihm weder Rat noch Hilfe schaffen konnten. Allgemeine Vertrocknung der natürlichen Lebenssäfte war die Folge solch »schöner« stutzerischer Lebensweise, für welches Übel Ich, der Herr, bei der Welterschaffung leider rein »vergessen« habe, ein »heilend Kräutlein« zu erschaffen. Daher sich denn auch unser Stutzerchen nolens volens zum Sterben bereitmachen mußte. Freilich wohl eine sehr unangenehme Er-

scheinung für einen die Welt mit ihren süßen Venus-
freuden überaus liebgewonnenen Fashionablen. Aber es ist
schon einmal also, daß da alles den Weg des Fleisches
wandeln muß. Und so mußte am Ende auch dieser Stutzer,
der am Fleische seine größte irdische Seligkeit hatte, ja
um so mehr den so ganz eigentlichen »Weg des Fleisches«
wandeln.

Seht aber nun hin auf sein stinkend Lager, wie er sich
krümmt und bäumt und nach Luft und Wasser lechzt; aber
er bringt keines mehr in den Magen, da alle seine Schlund-
sehnen ausgetrocknet sind und nicht mehr vermögen, auch
nur einen Wassertropfen in den Magen hinabzuziehen! Sein
Atem ist kurz und sehr schmerzlich, da die Lunge schon
nahe ganz vertrocknet ist. Also ist auch seine Stimme ganz
gebrochen; nur kurze, gelähmte Halbworte kann er noch
unter großen Schmerzen ausstoßen, und da gleicht der Ton
dem eines schlechten Fagotts in den Händen eines Schü-
lers. Er möchte wohl noch stutzerisch fluchen und möchte
am Ende wohl gar auch noch einige gelehrte Phrasen aus
Voltaire oder Sir Walter Scott herstammeln; aber die allgemeine Trocknis läßt so etwas nicht ausführen, und die starken Schmerzen in allen Lebenswinkeln lassen ihm auch
nicht Zeit, seine Gedanken dazu noch einmal wie auf einen
Punkt zusammenzubringen. Daher liegt er stumm röchelnd
da, nur manchmal stößt er einen gellend schnarrenden
Fagott-Ton aus seiner ganz vertrockneten Kehle.

Seht, so gestaltet sich häufig das Ende solcher Wüstlinge
diesseits! Da wir aber bei diesem Stutzer diesseits auch
nichts mehr zu betrachten haben, da ihm, wie ihr zu sagen
pflegt, der Tod schon für die nächste Minute auf der Zunge
sitzt, so wollen wir uns sogleich nach jenseits wenden und
sehen, wie da unser »Mann« einrücken wird.

Sehet, da ist sein Lager gleichwie das auf der Welt! Noch

liegt er gleichgestaltig auf demselben. Aber zugleich ersehet ihr an seinem Lager nur *einen* Engel mit einer Brandfackel in der Hand, um mit deren geistiger Flamme des Stutzers letzte Lebenssafttropfen zu vernichten!

Bei solchen Menschen erscheint darum nur *ein* Engel, weil in ihnen Seele und Geist völlig wie tot sind. Nur der Würgengel, der über das Fleisch und über den Nervengeist gesetzt ist, hat hier das zu tun, daß er nämlich das Fleisch und den Nervengeist möglichst stark peinige und brenne, auf daß er dadurch die zerfetzten Seelenreste und in diesen den ebenso zersplitterten Geist in den Nervengeist zurücktreibe — und auf diese Art den also sterbenden Menschen vor dem ewigen Tod verwahre!

Er (der Engel) wird bei diesem Menschen auch nichts reden, sondern wird ihn lediglich mit seiner Fackel aus der naturmäßigen in diese Geisterwelt herüberbrennen, was gewöhnlich mit solchen Menschen zu geschehen pflegt und auch geschehen muß, weil sie ohne solche letzte Gnadenmanipulation um das ganze Dasein kämen.

Dieser Akt ist gleich dem entstellten heidnischen in der Sage des Prometheus. Denn die geistigeren Urmenschen *sahen* derlei Verrichtungen in der Geisterwelt, die damals aber freilich unaussprechlich viel seltener vorkamen als in dieser weit über Sodom und Gomorra sinnlichen Zeit. So erhielten sich davon denn auch noch Sagen, aber nach ein paar tausend Jahren über die Maßen entstellt.

Hier aber stellt sich auch wieder derselbe Prometheus vor — in seinem eigentlichen, unentstellten Wirken. — Aber sehet, nun hat der einsame Engel sein Werk gut beendet; das Fleisch unseres Stutzers ist hier ersichtlich durch und durch zu Asche verbrannt, und seht, aus der Asche erhebt sich ganz langsam und träge — nicht etwa ein herrlicher, verjüngter Vogel Phönix, o nein, sondern — seht — nur ein dummer Affe, aussehend wie ein alter, dekrepiter[1] Pavian! Er ist ganz stumm, nur etwas sehen kann er.

Die Tiergestalt hat darin ihren Grund, weil solche Menschen ihr wüstes Leben hindurch die feineren Menschenseelen-Spezifikalpartikel völlig vergeuden durch ihre Wollust und nur die gröberen tierischen in resto behalten. — Bei diesem ist doch noch wenigstens die Affenseele geblieben. Aber da gibt es andere, die bis zu den scheußlichsten Amphibien sich ganz verpfuschen!

Bei diesem Menschen läßt sich nun das »Wasser seines Lebens« auch noch nicht bestimmen; denn der muß jetzt, wie ihr zu sagen pflegt, auf die Halt (*Weide*) und wird Geistern übergeben, die über solche entartete Tierseelen gesetzt sind. Vielleicht bewirken sie mit allem Fleiße in hundert Jahren, daß diese Seele wieder zur menschlichen Gestalt kommt.

Mehr läßt sich nun von dieser Seele nicht beschreiben; daher nächstens ein anderes Exempel.

---

1 »dekrepit« = heruntergekommen, verlebt.

Fünfte Szene
Eine Modenärrin

Hier folgt noch ein früher Tod, der einer jungen Modeheldin, die sich bei einem Ball zu sehr dem Tanze hingab, um sich irgend einen jungen und reichen Bräutigam zu ertanzen, sich statt dessen aber nur den frühen Tod ertanzt hat.

Ein junges, dem Leibe nach überaus gefällig gestaltetes Mädchen von neunzehn Jahren wurde auf einen noblen Gesellschaftsball geladen, welche Einladung sie natürlich mit Einwilligung ihrer Eltern bereitwilligst annahm. Alsogleich wurden die Modekaufläden durchmustert, die zum Glück unter tausend Artikeln doch einen besaßen, der da unserer geladenen Holden anständig[1] war. Nun ging's zum ersten Modeschneider und zwar mit dem Bedeuten, das Kleid nicht nur nach der letzten Pariser oder Londoner, sondern womöglich nach der letzten Madrider oder New Yorker Mode zu verfertigen, damit man auf einem so glänzenden Ball doch mit etwas Außerordentlichem erscheinen könne, um dadurch das größte Aufsehen zu erregen und auch als eine außerordentliche Erscheinung betrachtet zu werden!

Der Schneider hatte keine kleine Angst ob solchen Auftrags, indem er seine Kundschaft schon kannte, mit wieviel Dutzend Kapricen sie bei solchen Gelegenheiten gesalbt war. Er nahm sich daher kreuzmöglichst zusammen und verfertigte wirklich ein Meisterstück von einem Ballkleid zur vollen Zufriedenheit seiner Kundschaft; denn das Kleid konnte ohne Schnürmieder angezogen werden und ob der

1 genehm.

40

vielen feinsten elastischen Bänder aber den Leib dennoch so eng zusammenziehen, daß unsere Heldin um die Leibesmitte dünner war als um ihren runden Hals.

Dieses New Yorker Modekleid aber war auch so ganz eigentlich die Ursache ihres frühen und nahe plötzlichen Todes; denn da sie auf dem Ball die Königin der Schönheit und Grazie war, so tanzte sie auch mit einem jungen, reichen Affen, der ihr sehr bedeutend in die Augen stach, so wütend viel, daß sie sich dadurch in der zu sehr gepreßten Lunge ein großes Blutgefäß sprengte und ob des dadurch gar starken Blutverlustes in wenigen Minuten eine Leiche war.

Als sie auf dem Tanzboden zusammenbrach und aus ihrem Rosenmund ein Blutstrom sich ergoß — zum Schauder aller zahlreich eben auch nicht zu locker geschnürten Mädchen und Damen —, da stürzten freilich wohl ihre Eltern, Verwandte und Ärzte herbei, rissen ihr die Kleider vom Leib und begossen sie mit eiskaltem Wasser und gaben ihr Medikamente, die sie aber, als schon vollkommen tot, natürlich nicht mehr einnehmen konnte.

Alles weinte und klagte laut. Die Eltern und der ritterliche Affe von einem Liebhaber rissen sich aus Verzweiflung die Haare vom Kopfe. Andere fluchten solch einem Geschick, wieder andere bedauerten die Unglückliche. Viele verließen den Tanzsaal und trugen ein Notabene mit nach Hause, aber natürlich um nicht viel besser als die Sperlinge, die ein Schuß vom Dache vertrieb.

Hier, bei diesem Falle, werden wir in der Geisterwelt eben nicht viel von Belang zu sehen bekommen; aber dessenungeachtet sollt ihr es sehen, wie sich derlei Übersiedlungen in der Geisterwelt ausnehmen.

Sehet, da liegt unsere Heldin noch zusammengekauert am mit ersichtlichem Blute besudelten Boden, und dort in einiger Ferne erseht ihr einen Engelsgeist mit über Kreuz geschlagenen Armen stehen! Sein Antlitz verrät Trübsinn, d.i. eine Art Wehmut, die ein solcher Schutzgeist bei solchen Fällen der krassesten Narrheit der Menschen empfindet, so er ihnen mit all seiner Sorge nicht zu helfen vermag.

Was aber wird nun dieser trauernde Engel hier tun? Seht, er naht sich dem auch in der Geisterwelt als Leiche ersichtlichen Mädchen! Nun ist er bei ihr und spricht: »O du unsinniges Wesen! Was soll ich nun erwecken bei dir, da alles tot ist an dir, dahin ich nur mein Auge wende?! O Herr, sieh gnädig herab! Hier langt die Kraft nicht aus, die Du mir verliehen; daher strecke Du Deine allmächtige Hand aus und tue mit dieser Törin nach Deinem Wohlgefallen!«

Nun seht, dort kommt schon ein anderer, ganz feuriger Engel! Nun ist er da, und seht, sein Feuer ergreift die Tote und verzehrt sie im Augenblick zu Asche. (In der Naturwelt kann das nicht bemerkt werden, weil dieser Akt nur den seelischen Leib betrifft.) Nun fängt in der Asche sich etwas zu rühren an. Der Engel betet über diese Asche. Seines Gebetes letzte Worte sind: »Herr, Dein Wille geschehe!«

Darauf verläßt der zweite Engel die sich stets mehr rührende Asche; aber der erste Engel bleibt. Dieses Rühren aber ist nichts anderes als ein neues Zusammenordnen der ganz zerstörten, zerstreuten und höchst zerrütteten Seelenspezifikalpartikel, was nun unmittelbar durch Meine Kraft geschieht. Nun aber wird sich auch sogleich zeigen, *wieviel* und *was* von dieser Mädchenseele noch übriggeblieben ist!—

Seht, nun erhebt sich ein dunkelgraues Wölkchen! Das Wölkchen prägt sich stets mehr aus. — Und nun seht, da haben wir schon eine Gestalt! Ihr könnt sie wohl mit nichts

Ähnlichem auf der Erde vergleichen! Der Kopf gleich dem einer Fledermaus, der Leib gleich dem einer Riesenheuschrecke, die Hände wie Gänsefüße, und die Füße gleich denen eines Storches! — Wie gefällt euch diese Mode nun als die Frucht jener weltlichen? — An der Mode aber läge so viel Außerordentliches nicht; aber daß diese Törin, als quasi Selbstmörderin, schwerlich je des Himmels Lichtgefilde betreten wird, das ist etwas anderes! —

Es werden wohl einige hundert Jahre vergehen, bis diese zur menschlichen Gestalt kommen wird, und das nur auf sehr schmerzliche Art! Nachher aber wird sie im Geisterreiche sein, was die Albinos auf der Erde sind, nämlich lichtscheu. —

Weiter ist bei dieser nichts mehr zu sehen und zu lernen, darum nächstens ein anderes Exempel.

Sechste Szene
Ein Feldherr

Seht, wir befinden uns in einem königlichen Prachtgemach. Hier strotzt alles von Gold und Silber und von den kostbarsten Edelsteinen und — für die Welt — von den wertvollsten Gemälden. Der Boden des Gemachs ist mit den feinsten asiatischen Teppichen belegt, und die großen Spiegelglasfenster sind mit Gardinen behangen, von denen eine soviel kostet, daß davon tausend Arme einen ganzen Monat zu essen hätten. Kästen, Tische, Sofas, Stühle und noch eine Menge königlicher Einrichtungsstücke von großem Wert zieren es und allerlei Wohlgerüche durchduften das Krankengemach, und die berühmtesten Ärzte umgeben das reich mit Gold verzierte Bett, in welchem der irdisch hohe Kranke vergeblich der Genesung harrt.

Es wird ein Konsilium über das andere gehalten, und die Medikamente werden alle Stunde gewechselt. Im angrenzenden Gemach beten aus lateinischen, rot und schwarz gedruckten Büchern abwechselnd in einem fort zwei Mönche und wo nur ein Bethaus oder irgend'eine Kapelle steht, wird für die Wiedergenesung unseres großen Feldherrn eine feierliche Messe gehalten. Aber das nützt alles nichts. Denn für diese Feldherrnkrankheit gibt es weder in der Apotheke noch im Breviarium und ebensowenig im Meßbuche irgendeine Hilfe mehr, sondern da heißt es einmal: »Komm und laß sehen, wie deine Werke beschaffen sind!«.

Seht nun den Kranken an, wie tapfer er sich hält! Aber diese Tapferkeit ist nur ein Schein, denn innerlich möchte unser Held vergehen vor Angst und Verzweiflung und verflucht dabei die stark schmerzende Krankheit wie ein Husar sein Pferd, das ihm keinen Gehorsam leisten will. — Die Geschichte geht hübsch zusammen: Dort beten die Mönche — freilich wohl mit einer Andacht, die ihresgleichen sucht, mit der heimlich auch noch ein ganz entgegengesetzter Wunsch vereinigt ist propter certum quoniam (*einer gewissen Sache wegen*) —, aber rar ist das immer, so der, für den wenigstens »aufs Aug« gebetet wird, flucht, daß es eine barste Schande ist!

Nun aber wird sein Schmerz stets ärger, ja beinahe unerträglich, und unser Patient, darob vor Grimm entbrannt, fährt nun zum Erstaunen seiner Umgebung ganz wütend auf und schreit aus vollem Halse: »O du verfluchtes Hurenleben! Kannst du, Schöpfer, so du irgend einer bist, es mir denn nicht auf eine schmerzlosere Art nehmen?! Auf ein solches Hurenleben sollen alle Teufel, so sie irgend sind, scheißen; und ich möchte es selbst, so ich's nur vermöchte! He, ihr dümmsten Viecher von Ärzten, die ihr alle zusammen keinen Schuß Pulver wert seid, gebt mir eine scharf geladene Pistole her, auf daß ich selbst für dies Hunde- und Hurenleben mir eine Medizin durchs Hirn verschreibe, die dasselbe auf einen Knall von jeder fernern Marter sicher befreien solle!«

Ein Protomedikus naht sich dem Krankenbett und will den Puls fühlen und bittet den Patienten um Ruhe. Aber der hohe Patient richtet sich auf und spricht: »Komm nur her, du Luder, du schlechter Hund von einem Arzte, damit ich an dir meine gerechte Wut kühlen kann! Fahr zu allen Teufeln, du dummes Luder! Möchtest mich nicht wieder mit Opium martern?! Schau, — wie gescheit diese Kanaillen sind; so sie nichts mehr wissen, da kommen sie sogleich mit Opium, auf daß der Kranke dann einschlafe und sie sich dadurch mehrere Stunden des gerechten Vorwurfs, den sie überaus wohl verdienen, entledigen und sich dabei brav ins Fäustchen lachen und schon Rechnung machen, wieviel da nach meinem Tode ein jeder für sich in der dritten Vergleichungsstufe wird verlangen können! Hahaha, gelt, ich durchschaue eure Pläne! Weg daher mit euch, ihr bösen Hunde, sonst bringe ich euch noch mit diesen meinen letzten Kräften um euer scheußliches Luderleben! — He, was sehe ich denn dort im Nebengemache für zwei schwarze Kanaillen?! Was tun denn diese Luder? — Ich glaube gar, sie beten für meine Seele? Wer hat sie denn dazu berufen?! — Hinaus mit ihnen, sonst stehe ich auf und schieße sie wie Hunde zusammen!« —

Seht, auf diese gewaltige oberfeldherrliche Detonation machen sich die Mönche recht behende aus dem Staube; die Ärzte zucken stets greller mit den Achseln, und der Patient verstummt und fängt unter den horrendesten Verzerrungen des Gesichts zu röcheln an. Wir aber begeben uns nun, da es hier an dem Patienten nichts mehr zu beobachten gibt, sogleich in die Geisterwelt und werden ganz kurz unsere Beobachtung machen, wie unser Held in die Geisterwelt eintreten wird. —

Seht, wir sind schon da, und dort auf gleichem Lager liegt der Patient in einem ganz gleich aussehenden Gemach. Noch röchelt er, wie ihr es leicht merken könnt, unter ganz entsetzlich schweren Atemzügen und zerbeißt sich die Zunge vor heimlicher Wut seiner ergrimmten Seele.

Dort aber, seht, ist schon der alleinige Würgengel in der Bereitschaft, die ergrimmte Seele unseres Helden von ihrem überstolzen und hochmütigsten Aristokratenfleische loszumachen. Mit einem flammenden Schwert ist der Engel bewaffnet — zum Zeichen seiner großen, ihm von Mir verliehenen Kraft und zum Zeichen seines Mutes und seiner gänzlichen Furchtlosigkeit vor solchen Großhelden der Erde wie vor der ganzen Hölle.

Sehet, nun ist in der Zeiturne das letzte Sandkörnchen für diesen Helden gefallen, und der Engel rührt ihn mit seinem Flammenschwerte an und spricht: »Erhebe dich, du matte Seele, und du, stolzer Staub, falle in das Meer deiner bodenlosen Nichtigkeit zurück!«

Seht, nun verschwindet der Leib, und nicht mehr zu sehen ist das Lager und das Gemach voll irdischer Pracht. Dafür erhebt sich eine, wie ihr es leicht merken könnt, ganz dunkelaschgraue, schmählichst verkümmerte Seele, stehend auf lockerem Sande, der sie zu verschlingen droht. Zornig, wirr und scheu blickt sie um sich — und erschaut nichts als sich selbst. Aber sie sieht sich ganz anders, als wir sie sehen, — sie ersieht sich noch als einen Feldherrn mit all ihren Orden und mit einem Degen geziert.

»Wo bin ich denn?« spricht nun der Held. »Welcher Teufel hat mich denn hierher gebracht? Nichts, und abermals nichts! Wohin ich schaue, ist überall nichts. Da seht, auch *unter* mir ist nichts!

Bin ich denn ein Nachtwandler — oder träume ich? — oder sollte ich denn wirklich gestorben sein? Ah, das ist ja doch ein verflucht dummer Zustand! Ich bin zwar recht gesund nun und fühle keinen Schmerz, erinnere mich an jede Kleinigkeit meines ganzen Lebens, — ich war ja höchst krank; ich habe die dummen Ärzte gemustert, die zwei Heuchler zum Teufel verscheucht und habe auch, natürlich ob des zu starken, unerträglichen Schmerzes, dem Schöpfer einige derbe Grobheiten in meiner Aufwallung ins Gesicht gesagt, — alles dessen erinnere ich mich sehr wohl! Auch weiß ich, daß ich sehr zornig war und hätte alles zerreißen können vor Wut. Aber nun ist mir alles vergangen. Es wäre alles recht, wenn ich nur wüßte, wo ich so ganz eigentlich bin und was da mit mir vorgegangen ist?!

Es ist wohl etwas licht um mich; aber je weiter hinaus

ich meine Blicke richte, desto finsterer wird es, und ich sehe nichts, nichts, nichts und abermals nichts! Das ist doch verflucht! Wahrlich, wer da nicht des Teufels wird, der wird es in Ewigkeit nimmer!

Sonderbar, sonderbar, ich werde stets munterer, stets lebendiger, — aber auch stets leerer wird es um mich. Ich muß mich sicher in so einer Art Lethargie befinden? Aber die, so davon befallen, sollen alles hören und sehen, was um sie geschieht, — ich aber höre und sehe nichts außer mich, also kann das keine Lethargie sein.

Es ist hier weder kalt noch warm, noch völlig finster, obschon einen das Licht wahrlich nicht blendet! Ich bin, was mir unbegreiflich ist, in diesem Solozustand dazu noch sehr heiter und aufgeräumt, daß ich darob einen Bajazzo abgeben könnte, — und doch, wie Figura zeigt, bin ich sicher im Mutterleibe nicht gesellschaftsloser gewesen als hier! Wahrlich, wenn ich hier ein Dingsda, eh, so ein Dings — nun, so ein Dings — ja, ja, so recht — so ich so ein ‚Menschchen‘ bei mir hätte, wahrhaftig, ich könnte mich sogar vergessen, daß ich — doch hol's der Kuckuck, den Feldherrn samt seinen fünf Dutzend Großahnen! Wahrlich, für ein ‚Menschchen‘ gemeinsten Standes wäre mir nun schon alles feil!

Wenn ich aber nur erfahren könnte, wo ich denn so ganz eigentlich bin?! Wenn die Sache noch lange dauern sollte, da dürfte einem dieser Zustand so hübsch verdammt langweilig werden! Hab' ja einmal von einem Gott etwas gehört, — will mich doch einmal ernstlich an ihn wenden. Hab' freilich ehedem mich etwas barsch benommen gegen ihn; aber er wird mir das, so er irgend einer ist, ja nicht so übel anrechnen. — Heda, mein Gott, mein Herr! So du irgend bist, hilf mir aus dieser sonderbar fatalen Lage!«

Nun seht, sogleich kommt ein Engel herbei und spricht:

»Freund, in dieser Lage wirst du so lange verbleiben, bis der letzte Tropfen deines Hochmutes aus dir hinausgeschafft sein wird und dadurch bezahlt der letzte Blutstropfen von dem Blute, das du an vielen Tausenden deiner Brüder vergossen hast! Wirf all deine feldherrlichen Insignien von dir, und du wirst dann Boden und mehr Licht und auch Gesellschaft finden, — aber hüte dich vor deinesgleichen, sonst bist du verloren! Vor allem aber wende dich an den Herrn, so wird dein Weg kurz und leicht sein, amen.« —

Seht, diesen Rat befolgt aber unser Held jetzt noch nicht. Daher verläßt ihn der Engel, und er wird noch einige hundert Jahre in solcher Schwebe verbleiben. —

Daraus könnt ihr schon sein »Wasser« merken, darum nichts weiter nun von ihm.

Siebte Szene
Ein Papst

Am 11.August 1847

Bei diesem Exempel wollen wir sogleich beim Jenseits beginnen und einen Mann betrachten, der in der Welt eine sehr große Rolle gespielt hat und am Ende der Meinung war, die Welt sei bloß seinetwegen da und er könne mit ihr machen, was er wolle, da er sich die förmliche Stellvertreterschaft Gottes anmaßte, mehr noch als so mancher andere seines Gelichters. Aber er mußte dessenungeachtet dennoch »ins Gras beißen«, und es schützte ihn davor weder seine angemaßte Großmacht noch die Welt und ebensowenig die Gottesstellvertreterschaft.

Dort, seht hin, stark gegen Mitternacht wandelt langsamen Schrittes eine überaus hagere Mannesgestalt von sehr dunkler Farbe, blickt forschend um sich und späht bald dahin und bald wieder dorthin!

In seiner Gesellschaft seht ihr ein Männlein, gleich einem kohlschwarzen Affen, das sich um unsern Mann sehr geschäftig herumtummelt und tut, als hätte es mit diesem Manne gar überaus wichtige Sachen abzumachen. — Treten wir aber nur näher, damit ihr vernehmen könnt, was dieser Mann, der seinen Gesellschafter sowenig wie uns sieht, mit sich für sonderbare Gespräche führt.

Da sind wir schon in rechter Nähe; nun horcht, er spricht: »Alles Lüge, alles Trug, und der Betrogenste ist der Glücklichste; aber unglücklich der Betrüger, so er wissentlich ein Betrüger ist! Ist er aber unwissentlich ein Betrüger und lügt und betrügt, ohne zu wissen, daß er lügt und betrügt, da ist ihm zu gratulieren; denn da zieht ein Esel den andern, und beide sind mit dem schlechtesten Futter zufrieden. — Aber ich, was bin denn ich? — Ich war ein Oberhaupt, alle mußten glauben und tun, was ich anordnete; ich aber tat, was ich wollte, da ich die Schlüssel der Macht in meinen Händen hatte als einer, der sie nimmt ohne zu fragen, ob er sie wohl zu nehmen berechtigt ist. Ich wußte alles; ich wußte, daß da alles nur Lüge und Trug ist, und dennoch drang ich Lüge und Trug jedermann bei strenger Ahndung auf, der es nicht annehme und glaube, daß da alles, was von mir ausgeht, ob geschrieben oder nicht, als volle Wahrheit anzunehmen ist.

Ich meinte aber auf der Welt: Des Leibes Tod ist das Ultimatum allen Seins. Das war mein heimlicher, fester Glaube, und alle Weisheit der Welt hätte mir keinen andern Glauben geben können! Dies einzige hielt ich für Wahrheit, und sieh, auch das ist Lüge; denn ich lebe fort, obschon ich gestorben bin dem Leibe nach.

Himmel, Fegfeuer und Hölle ließ ich predigen auf vielen tausend Kanzeln, erteilte Ablässe und sprach eine Menge Verstorbener heilig und gebot Fasten, Gebet, Beichte und Kommunion,— und nun stehe ich selbst da und weiß nicht, wo aus und wo ein! Gäbe es ein Gericht, dann wäre ich schon gerichtet. Gäbe es einen Himmel, da hätte ich doch das erste Anrecht darauf, denn fürs erste mußte ich doch durch den Willen Gottes Statthalter der Kirche Christi werden; und was ich dann als solcher tat, war sicher auch nur ein allerhöchstes oberstes Wollen, denn ohne ein solches kann laut der Schrift ja kein Haar am Kopfe gekrümmt werden und kein Sperling vom Dache fliegen.

Also beichtete und kommunizierte ich auch nach der alten Vorschrift, obschon ich mich davon gar leicht hätte exemtieren können, indem ich die Macht hatte, die Beichte samt der strengen Kommunion für jedermann auf ewige Zeiten aufzuheben, was ich aber dennoch aus politischen Rücksichten nicht tun konnte und wollte. — Gäbe es eine Hölle, so wäre auch Grund genug vorhanden, mich darinnen zu befinden; denn vor Gott ist ein jeder Mensch ein Totschläger! — Wenigstens sollte ich mich im Fegefeuer befinden; denn das soll doch jedermann wenigstens auf drei Tage zuteil werden! Aber weder das eine noch das andere wird mir zuteil, — darum ist Gott, Christus, Maria, Himmel, Fegfeuer und Hölle nichts als Lug und Trug! Der Mensch aber lebt nur aus den Kräften der Natur und denkt und fühlt nur nach der eigenen Konzentration der verschiedenen Naturkräfte in ihm, die sich da wahrscheinlich zu einem ewig unzerstörbaren Eins verbinden und verknüpfen. Meine Aufgabe wird daher nun sein, diese Kräfte näher zu erforschen und mir dann mittels der genauesten Bekanntschaft mit ihnen einen Himmel zu gründen.

Aber ich merke fortwährend ein gewisses Zupfen an meiner Toga pontificalis! Was sollte denn das sein, ist denn etwa doch irgend ein unsichtbarer Geist in meiner Nähe, oder tut so etwas etwa irgend ein Wind? Es ist im Ernste sonderbar in dieser unendlichen Wüste, denn man kann schon gehen, wohin man will, so bleibt man aber dennoch ewig ganz allein. Man kann rufen, schreien, schimpfen, schelten und fluchen — oder beten, zu wem man will, so rührt sich dennoch nichts und man bleibt vor- wie nachher ganz allein! Es mögen doch schon einige Jahre sein, da ich auf der Erde gestorben bin, und das auf eine sehr schmerzliche, höchst fatale Weise, — und ich bin dito allein, nichts als die ganz kahle Wüste unter den Füßen! Platz habe ich da wohl, das ist wieder eine Wahrheit, aber wo ich bin, was für die Zukunft aus mir werden soll — werde ich also ewig fortleben oder doch etwa einmal ganz vergehen —, das ist ein unauflösliches Rätsel.

Also nur frisch an die Erforschung der Naturkräfte in

mir, und es soll sich durch ihre nähere Bekanntschaft bald entwickeln, was da aus mir werden soll!«

Habt ihr ihn nun gehört, wie er räsoniert, er, der Stellvertreter Gottes auf Erden? Oh, er wird noch lange also solo räsonieren, wie es ihm sein unsichtbarer Begleiter einhaucht; denn solcher auf Erden höchstgestellter Menschen Los ist stets das gleiche, nämlich das Alleinsein, indem sie sich auf der Erde auch über alles hinaus isoliert haben.

Diese Isolierung ist aber dennoch eine große Gnade für sie; denn nur dadurch ist es möglich, sie wieder auf den rechten Weg zu bringen. Aber es geht das sehr lange; sie müssen in sich alle Grade der Nacht und Finsternis, der Not, auch des Schmerzes, wie er in der Hölle zu Hause ist, durchmachen.

Hat ein solcher Zelot diese Solo-Tour durchgemacht — etwa in fünfhundert bis tausend, auch zehntausend Jahren —, dann erst kommt er in die Gesellschaft von strengen Geistern. Folgt er diesen nicht, so wird er wieder verlassen und ganz allein gestellt, wo ihm dann aber alle Greueltaten vorgeführt werden, die entweder unter ihm oder unter seinen Vorgängern verübt worden sind, bei welcher Gelegenheit er aber auch alle Schmerzen verkosten muß, die alle Verfolgten unter ihm oder unter seinen Vorgängern verkostet haben. Bringt ihn diese Kur noch nicht zurecht, so wird er belassen, wie er ist; bloß der Hunger wird ihm zur Begleitung gegeben und der Durst, welche zwei Hofmeister mit seltenster Ausnahme fast jeden mit der Zeit zurechtbringen. —

Da habt ihr nun wieder ein Bild, aus dem ihr das Jenseits näher kennenlernen möget — und das »Wasser«, das ein solcher Häuptling zu durchschwimmen hat, bis er ans Ufer der Demut, Wahrheit und Liebe gelangt. Daher nun nichts mehr weiter von diesem Manne.

Achte Szene
Ein Minister

Da denn auch die großen Herren der Welt sterben müssen, gegen welche für sie höchst fatale Lebenseigentümlichkeit sie noch immer keinen Assekuranz-Verein[1] haben aufstellen können, da sie es mit all ihrer Politik und Diplomatie noch nicht soweit gebracht haben, so mußte denn auch unser Minister sich endlich einmal anschicken, das Zeitliche mit dem Ewigen zu vertauschen.

Das Sterben ist für solche Menschen freilich wohl die unangenehmste Erscheinung von der Welt, aber das kümmert den Würgengel wenig. Bei dem er das wohlzimentierte[2] Maß voll findet, den nimmt er ohne Gnade und Pardon!

Unser Minister, ein Mann, dem alle Welt huldigte ob seiner Weltklugheit, wurde in seinem bedeutenden Alter von einem gichtischen Katarrhfieber aufs Krankenlager geworfen, das ihn einen halben Monat folterte, und das desto ärger, je mehr Arzneien er zur Behebung dieses Übels einnahm. Gegen das Ende hin ward er voll Unwillen und drohte den Ärzten mit dem Arrest, so sie ihn nicht bald wiederherstellen möchten oder könnten.

Aber statt seine Drohung auszuführen, versank er am sechzehnten Tage seiner Krankheit in eine Betäubung, aus der er auf dieser Welt nicht mehr erwachte, außer auf eine Stunde knapp vor seinem Ende, in welcher Stunde er noch ein kurzes Vermächtnis machte, was da mit seiner mächtigen Habe geschehen solle, wobei aber der Armen, wie meistens bei solchen Menschen, nur sehr spärlich Bedacht ge-

---

1 Versicherung. 2 »Zimentieren« = geeichte Gefäße prüfen.

nommen ward; denn was sind wohl ein paar tausend Gulden gegen mehrere hinterlassene Millionen?!

Also ward der Kirche pro forma auch mit einer Stiftung gedacht, aber nicht aus irgendeinem blinden Glauben — denn Glauben hat so ein Mensch entweder nur selten oder gar keinen, und alles, was er tut, ist reine Politik —, sondern nur, wie gesagt, weil so etwas der politische Gebrauch erfordert.

Nach dieser letzten Willenskundgabe sank er auf sein Lager zurück und war tot, ohne zuvor gebeichtet und kommuniziert zu haben, auf welchen Akt er — bei sich zwar — ohnehin nichts hielt. Damit war's mit ihm für diese Welt aber auch für ewig abgeschlossen; darum wollen auch wir nicht länger bei seiner Leiche verharren, sondern uns sogleich nach »drüben« begeben und sehen, was unser überstolzer aristokratischer Mann dort für ein Gesicht macht. —

Seht, da sind wir schon, und unser Mann steht schon in seinem kompletten Staatskleide vor uns und vor vier verhüllten Engelsgeistern, wobei er aber nur die letzteren sieht. Der Ort stellt genau sein Staatskabinett vor, in welchem er noch Wichtiges zu besorgen und zurechtzubringen sich vorgenommen hatte.

Er ersieht nun genau die vier in seinem Geheimkabinett und kann sich vor Ärger kaum fassen über die entsetzliche Keckheit dieser vier »Gauner« nach seiner Ansicht. Er springt auf und ergreift die Klingel und will läuten, aber die Klingel gibt keinen Ton.

»Verrat! Hochverrat!« schreit er aus vollem Halse. »Wie kamt ihr elenden Wichte in dies nur mir allein zugängliche Gemach, in welchem des Staates geheimste und heiligste Mysterien bearbeitet und aufbewahrt sind?! Wißt ihr, daß auf solch einen Hochverrat der Tod gesetzt ist?! Wer von euch hat diese Klingel entschwengelt, daß sie nun in diesem entscheidendsten Moment keinen Schall von sich geben kann? Bekennet es, ihr Verruchten, wer von euch war der Rädelsführer?!«

Der erste Engel spricht: »Höre in Geduld tiefst aufmerksam, was ich dir nun künden werde! Wohl weiß ich die gute Ordnung, derzufolge auf der Welt kein Mensch, außer dem König nur, in dies Gemach treten darf. Wärest du noch auf der Welt, da hättest du uns auch nicht an dieser Stelle erblickt. Aber siehe, du bist nun dem Leibe nach gestorben und bist jetzt in der Geisterwelt, wo es nur *einen* Herrn gibt, während alle andern Geister Brüder sind, gute und schlechte, je nachdem sie auf der Erde gehandelt haben entweder gut oder böse. Also haben wir auch vom Herrn das stets liebepflichtige Recht, jedermann zu besuchen und ihm unsere Dienste anzubieten, wenn er, wie du, für uns noch zugänglich ist.

Darin aber besteht eben auch des einigen Herrn Auftrag an dich durch uns, daß wir dir eben solches künden sollen und auch eröffnen, daß hier in dieser ewigen Welt für dich alle weltliche Ehre und Stellung aufgehört hat samt aller Politik; und dies Gemach, dein Kleid und alle diese deine vermeintlichen wichtigsten Staatspapiere sind nur Trug und Ausgeburt deiner noch überstark an der Welt hängenden Phantasie und werden verschwinden, sobald du uns folgen wirst. — Wirst du uns folgen, da wirst du einen leichten Weg in das wahre, ewige Lebensreich haben, alldort es Seligkeiten gibt ohne Maß und Zahl; wirst du uns aber nicht folgen, da wirst du einen überharten Stand haben, zum Gottes-Lebensreiche zu gelangen! Denn siehe, du warst auf der Welt wohl mit Gottes Zulassung ein großer Mann und hattest eine große Macht; durch diese Macht ist aber bei dir auch gar mächtigst die Herrschliebe erwacht, die dich zu manchem geführt hat, das da nicht gegründet war in der göttlichen Ordnung. Auch hat dir diese Weltgewalt als Herrschlust auch den Glauben an den Herrn und vielfach die Liebe zum Nächsten genommen und hat dich fürs Reich Gottes völlig untauglich gemacht.

Aber siehe, der Herr weiß es, welch schwere Bürde du zu tragen hattest, und hat große Erbarmung mit dir. Darum sandte Er uns zu dir, auf daß du gerettet werden sollest und erhoben und nicht untergehen durch deine noch mit herübergebrachte große Weltbürde. Denke hier nicht an ein Gericht; denn im Reiche der Freiheit des Geistes gibt es kein Gericht und keinen Richter, außer den eigenen freien Willen jedes Menschen! Denke auch nicht an die Hölle. Diese ist nirgends, außer in jedem Menschen selbst, so er diese in sich durch sein Böses — eben in sich — erst erschafft. Also denke aber auch an keinen Himmel als verheißenen Lohn für gute Werke; sondern des Herrn Jesu Wort sei dein Wille, durch dieses suche Ihn allein! Hast du Ihn, dann hast du alle Himmel und eine ganz andere Macht aus der Liebe, als du sie gehabt hast auf der Welt aus deiner Weltklugheit und hohen Stellung. Nun weißt du alles; tue, was dir dein freier Wille zuläßt im Namen des Herrn Jesus. Amen.«

Der Minister spricht: »Wahrlich, eure Rede ist weise und bürgt mir, daß da alles so ist, wie ihr es mir nun gekündet habt. Auch bin ich nun völlig klar, daß ich leiblich gestorben bin. Aber daß da der gewisse Jude Jesus der alleinige Gott und Herr sein soll, das fasse ich nicht! Was ist dann der »Vater« und der »Heilige Geist«? Seht, das stimmt mit der eigenen Lehre Jesu nicht zusammen, der doch der erste war, der eine göttliche Dreiheit allenthalben lehrte! Darum verzeiht mir, daß ich euch darum schon nicht so schnell folgen kann, wie ihr es wünscht, — außer ihr überzeugt mich dessen schnell!«

Spricht der Engel: »Bruder, das geht so geschwind nicht, wie du meinst. Lege vorerst dein Staatskleid ab und ziehe ein anderes der Demut und völligen Selbstverleugnung an, dann wirst du alsbald die vollste Überzeugung davon bekommen, das dir jetzt noch als unfaßlich erscheint.«

Der Minister antwortet: »Wohl denn, so übernehmet mich und bringt mich zurecht, und schabet sorglich alles Weltliche von meiner Seele, dann wird es sich zeigen, wie es mit eurer Aussage aussieht.«

Nun treten die drei anderen Engel hinzu, ziehen dem Manne die Staatskleider aus und ziehen ihm dafür aschgraue, sehr zerlumpte und ziemlich schmutzige an. Und der zweite Engel spricht nun zu ihm: »Nun bist du mit dem Kleide der Demut angetan. Aber das allein genügt noch nicht, sondern du mußt auch in der *Tat* demütig sein. Darum folge uns!«

Der Mann folgt, und seht, sie kommen bei einem Bauernhofe an und sagen zu ihm: »Siehe, hier wohnt ein schroffer Mann und hat große Schweineherden. Bei diesem sollst du dienen und mit allem zufrieden sein, was er dir zum Lohne geben dürfte; und wird er hart und ungerecht sein gegen dich, so sollst du alles mit Geduld ertragen und dir bloß in des Herrn Gnade und Erbarmung Recht schaffen.

Wird er dich schlagen, da schlage nicht zurück; sondern wie ein Sklave halte ihm den Rücken dar, so wie du auf der Erde — zufolge der militärischen Subordination — es oft gesehen hast, wie sich ein armer Soldat ganz willenlos auf die Bank legen mußte und aushalten die harte, oft höchst ungerechte Strafe! Wirst du das alles in rechter Geduld ertragen, dann soll dir ein besseres Los zuteil werden!«

Darauf spricht der Mann: »Ich bedanke mich gehorsamst für diese Führung! Gebt mir nur mein Staatskleid wieder, ihr Betrüger; ich werde schon selbst mir die Wege bahnen!

Da schaut's die Lumpen an; aus unsereinem, der wenigstens zwanzig Ahnen zählt, wollen sie so mir nichts, dir nichts einen Sauhalter machen! O wäre ich noch auf der Welt, ich wollte euch dafür zahlen, daß ihr es euch merken solltet! Diese Vagabunden geben sich noch für Gottes Boten aus! Nein wartet, diese Gottesbotenschaft soll euch noch teuer zu stehen kommen!«

Sehet, die Engel geben ihm sein Staatskleid wieder und sagen: »Wie du willst. Da ist dein irdisch Kleid! Willst du die Wege des Lebens nicht wandeln, so wandle deine eigenen; unser Dienst bei dir aber ist zu Ende.«

Nun sehet, in welch ein »Wasser« unser Mann sich begibt; da wird er lange zu schwimmen haben, bis er auf des verlorenen Sohnes Rückweg zum Vater gelangen wird.

Hüte sich darum ein jeder vor der Herrschlust; denn diese hat stets die gleichen Folgen. — Nächstens ein anderes Exempel.

Neunte Szene
Bischof Martin

Am 13.August 1847

Ein Bischof, der auf seine Würde große Stücke hielt und ebensoviel auf seine Satzungen, ward denn einmal zum letzten Male krank.

Er, der selbst als noch ein untergebener Presbyter[1] des Himmels Freuden mit den wunderlichsten Farben ausmalte — er, der sich gar oftmals völlig erschöpfte in der Darstellung der Wonne und Seligkeit im Reiche der Engel, daneben aber freilich auch die Hölle und das leidige Fegefeuer nicht vergaß, hatte nun — als selbst schon beinahe achtzigjähriger Greis — noch immer keinen Wunsch, von diesem seinem oft gepriesenen Himmel Besitz zu nehmen; ihm wären noch tausend Jahre Erdenleben lieber gewesen als ein zukünftiger Himmel mit allen seinen Wonnen und Seligkeiten.

Daher denn unser erkrankter Episkopus[2] auch alles anwandte, um nur wieder irdisch gesund zu werden. Die besten Ärzte mußten stets um ihn sein; in allen Kirchen seiner Diözese mußten Kraftmessen gelesen werden, und alle seine Schafe wurden aufgefordert, für seine Erhaltung zu beten und an seiner Statt fromme Gelübde gegen Gewinnung eines vollkommenen Ablasses zu machen und auch zu halten. In seinem Krankengemach ward ein Altar aufgerichtet, bei dem vormittags drei Messen zur Wiedergewinnung der Gesundheit mußten gelesen werden; nachmittags aber mußten bei stets ausgesetztem »Sanktissimum« die drei frömmsten Mönche in einem fort das Breviarium beten.

1 Priester. 2 Bischof.

Er selbst rief zu öfteren Malen aus: »O Herr, erbarme Dich meiner! Heilige Maria, du liebe Mutter, hilf mir, erbarme dich meiner fürstbischöflichen Würden und Gnaden, die ich trage zu deiner Ehre und zur Ehre deines Sohnes! O verlasse deinen getreuesten Diener nicht, du alleinige Helferin aus jeder Not, du einzige Stütze aller Leidenden!« Aber es half alles nichts; unser Mann verfiel in einen recht tiefen Schlaf, aus dem er diesseits nicht mehr erwachte.

Was hier (*auf Erden*) mit dem Leichnam eines Bischofs alles für »hochwichtige« Zeremonien geschehen, das wißt ihr, und wir brauchen uns darum nicht länger dabei aufzuhalten; dafür wollen wir sogleich in der Geisterwelt uns umsehen und schauen, was unser Mann dort beginnen wird. —

Seht, da sind wir schon — und seht, da liegt auch noch unser Mann auf seinem Lager; denn solange noch eine Wärme im Herzen ist, löst der Engel die Seele nicht vom Leibe. Denn diese Wärme ist der Nervengeist, der zuvor von der Seele ganz aufgenommen werden muß, bis die volle Löse von seiten des Engels vorgenommen werden kann; denn alles geht da den ordnungsmäßigen Gang.

Aber nun hat dieses Mannes Seele schon völlig den Nervengeist in sich aufgenommen, und der Engel löst sie soeben vom Leibe mit den Worten: »Epheta!«, d.h. »Tue dich auf, du Seele; und du Staub aber sinke zurück in deine Verwesung und zur Löse durch das Reich der Würmer und des Moders durch sie! Amen.«

Nun seht, schon erhebt sich unser Bischof, ganz wie er gelebt hatte, in seinem vollen Bischofsornate und öffnet die Augen und schaut erstaunt um sich — und sieht außer sich selbst niemanden, auch den Engel nicht, der ihn geweckt hat. Die Gegend ist nur in sehr mattem Lichte gleich dem einer schon ziemlich späten Abenddämmerung und der Boden gleich dürrem Alpenmoose.

Unser Mann erstaunt nicht wenig über diese sonderbare Bescherung und spricht nun mit sich: »Was ist denn das? Wo bin ich denn? Lebe ich noch oder bin ich gestorben? Denn ich war wohl sehr krank, und es kann sehr leicht möglich sein, daß ich mich nun schon unter den Abgeschiedenen befinde?! — Ja, ja, um Gottes willen, es wird schon so sein! — O heilige Maria, heiliger Josef, heilige Anna, ihr meine drei mächtigsten Stützen! Kommet, kommet und helft mir in das Reich der Himmel!«

Er harrt eine Zeitlang, sorglich um sich spähend, von welcher Seite die drei kommen würden; aber sie kommen nicht. — Er wiederholt den Ruf kräftiger und harrt; aber es kommt noch niemand!

Noch kräftiger wird derselbe Ruf zum drittenmal wiederholt, — aber auch zum drittenmal vergeblich!

Darob wird unserem Manne überaus bange, und er fängt an etwas zu verzweifeln und spricht in seiner stets verzweifelter werdenden Lage: »O um Gottes willen, Herr, steh mir bei! (Das ist aber nur sein angewöhntes Sprichwort.) Was ist denn das? Dreimal habe ich gerufen, und — umsonst!

Bin ich denn verdammt? — Das kann nicht sein, denn ich sehe kein Feuer und keine — Gottstehunsbei[1]!

Haaaaaaa (zitternd), es ist wahrhaft schrecklich! — So allein! — O Gott! — Wenn jetzt so ein Gottstehunsbei herkäme, und ich — keinen Weihbrunn, dreimal konsekriert, kein Kruzifix, — was werde ich tun?!

Und auf einen Bischof soll Gottstehunsbei eine ganz besondere Passion haben?! Oh, oh, ooooh (bebend vor Angst), das ist ja eine ganz verzweifelte Geschichte! Ich glaube gar, es stellt sich bei mir schon's Heulen und Zähneklappern ein?!

---

1 Verhüllt für: Teufel.

Ich werde dies mein Bischofsgewand ablegen, da wird Gottstehunsbei mich nicht erkennen! Aber auf das hätte er — o Gott steh uns bei! — vielleicht noch mehr Gewalt über unsereinen?! O weh, o weh, was ist der Tod doch für ein schreckliches Ding!

Ja, wenn ich nur recht ganz tot wäre, da hätte ich auch keine Furcht; aber eben dieses Lebendigsein nach dem Tode, das ist des —, o Gott, steh mir bei!

Was etwa geschähe, so ich mich weiterbegäbe? — Nein, nein, ich bleibe; denn was hier ist, das weiß ich nun aus der kurzen Erfahrung, was aber nur ein rätselhafter Tritt weiter, vor- oder rückwärts, für Folgen hätte, das wird allein Gott wissen! Daher will ich in Gottes Namen und im Namen der seligsten Jungfrau Maria lieber bis auf den Jüngsten Tag hier verharren, als nur um ein Haarbreit vor- oder rückwärts mich bewegen!« —

Die weiteren Begebnisse und die Führung dieses in seiner Art recht frommen Mannes werden weiter gezeigt werden.—

Vorstehende Sterbeszene ist das Anfangskapitel des Jenseitsbandes »Bischof Martin«[1], der die Jenseitsführung eines Bischofs von dessen Übertritt in die jenseitige Welt bis zu seiner himmlischen Vollendung schildert.

Was geschah nun nach diesen ersten nach seinem Tode in der jenseitigen Welt gemachten Erfahrungen mit dem Bischof? — Es begann ihn immer mehr zu langweilen, ihm schien inzwischen eine ganze Ewigkeit vergangen, und er war froh, als er endlich Gesellschaft bekam in Petrus, der sein geistiger Führer war und den er zunächst für einen

---

1 »Bischof Martin«. Seine Führung im Jenseits. 496 Seiten.
Lorber-Verlag, 7120 Bietigheim.

Amtsbruder hielt. Petrus belehrte Martin, gab ihm Ratschläge aus dem Evangelium und hielt ihn zum Dienen an, wobei jeder Dienst so gestellt war, daß Martin daran seine alten, aus dem irdischen Leben mit herübergebrachten Schwächen überwinden sollte. Dann verließ ihn der Führer, damit Martin in seinen Entscheidungen unbeeinflußt bleibe.

Martin aber wähnt sich mit der Länge der Zeit von seinem Führer schmählich im Stich gelassen und gerät darüber in immer größeren Zorn. Statt in aller Demut den ihm vom Führer gewiesenen »Weg im Namen des Herrn« zu wandeln, wendet er sich dem »Abend« zu und gerät da, in der Nähe der »Mitternacht«, in immer größere Nacht und Finsternis. Sein Seelenzustand läßt ihn durch eine sumpfige Gegend irren, bis er schließlich im Gefühl tiefster Verlorenheit an ein Meer kommt, wo es für ihn kein Vor- und kein Rückwärts mehr gibt. In dieser Ausweglosigkeit kommt ihm der Herr Selbst in der Gestalt eines freundlichen Schiffsmannes zu Hilfe und nimmt ihn in Sein rettendes Schifflein auf.

Es entwickelt sich ein Gespräch, das Martins inneren Seelenzustand enthüllt und ihn zur reuigen Selbsterkenntnis und Umkehr führt.

Nachfolgend der Dialog im Auszug (Kap. 13-17):

(Der Herr als der Schiffsmann antwortet Martin, der sich bitterlich über die Ungerechtigkeit seines Schicksals beklagt:) »Es mag wohl recht mißlich sein, sich lange dauernd allein zu befinden; aber ein solch länger andauerndes Alleinsein hat doch wieder sehr viel Gutes! Denn man gewinnt da Zeit, über so manche Torheiten nachzudenken, sie zu verabscheuen und ganz abzulegen und aus sich zu verbannen. (...) Daher war dein gegenwärtiger Zustand für dein Gefühl wohl ein sehr mißlicher, aber für dein We-

sen keineswegs ein unglücklicher. Denn siehe, der Herr aller Wesen sorgte dennoch für dich, sättigte dich nach Maß und Ziel und hatte mit dir eine große Geduld!

Du warst auf der Welt ein römischer Bischof, was Ich wohl weiß, und verrichtetest dein Amt zwar dem Buchstaben nach wohl sehr strenge, obschon du innerlich nichts darauf hieltest; aber so etwas kann doch deiner eigenen Beurteilung nach bei Gott, der allein auf das Herz und dessen Werke sieht, unmöglich einen Wert haben! Zudem warst du sehr stolz und herrschsüchtig und liebtest trotz deines geschworenen Zölibats das Fleisch der Weiber über die Maßen. Meinst du wohl, daß der Herr daran ein Wohlgefallen haben konnte? (...)

Hast du je gesagt in deinem Herzen: ,Lasset die Kleinen zu mir kommen!'? O siehe, nur die Großen hatten bei dir einen Wert! — Oder hast du je ein armes Kind in Meinem Namen aufgenommen und hast es bekleidet, gespeist und getränkt? Wieviel Nackte hast du bekleidet, wieviel Hungrige gesättigt, wieviel Gefangene frei gemacht? — O sieh, Ich kenne niemanden davon. Wohl aber hast du Tausende in ihrem Geiste zu harten Gefangenen gemacht und hast der Armut nicht selten durch dein Verfluchen und Verdammen die tiefsten Wunden geschlagen, während du den Großen und Reichen Dispense über Dispense erteiltest — natürlich für Geld, nur manchmal bei sehr großen Weltherren aus einer Art groß-imponierender Weltfreundschaft umsonst! Meinst du wohl im Ernste, daß Gott derlei Werke angenehm und wohlgefällig sein könnten und du darum sogleich nach deines Leibes Tode hättest sollen von Mund auf in den Himmel aufgenommen werden?

Ich, dein Rettmann, sage dir das aber nicht, um dich zu richten, sondern darum nur, um dir zu zeigen, daß der Herr an dir kein Unrecht tat, so Er dich hier *scheinbar* ein wenig im Stiche ließ, und daß Er dir sehr gnädig war, darum Er nicht zuließ, daß du sogleich nach deinem Absterben vor Gott wohlverdientermaßen zur Hölle hinabgefahren wärest.

Bedenke das und schmähe nicht mehr deinen Führer, sondern denke in aller Demut, daß du von Gott aus nicht der geringsten Gnade wert bist, so kannst du sie wiederfinden. Denn so sich die getreuesten Knechte als schlecht und unnütz betrachten sollen, um wieviel mehr du, der du noch nie etwas dem Willen Gottes Gemäßes getan hast!«

(*Der Bischof:*) »... Es ist alles buchstäblich wahr. Aber was läßt sich nun tun? Ich fühle nun sicher wohl die tiefste Reue über all das Begangene; aber mit aller meiner Reue läßt sich das Geschehene nimmer ungeschehen machen, und somit bleibt auch die Schuld und die Sünde unverrückbar, die da ist der Same und die Wurzel des Todes. Wie aber läßt sich in der Sünde des Herrn Gnade finden? — Siehe, das scheint mir ein völlig unmöglich Ding zu sein.

Darum meine ich also, indem ich nun vollkommen einsehe, daß ich sogestaltig ganz für die Hölle allein nur reif bin: die Sache läßt sich auf keine andere Weise ändern, außer ich würde durch eine allmächtige Zulassung Gottes mit diesem meinem gegenwärtigen Gefühl nun noch einmal auf die Erde gesetzt, um daselbst soviel als möglich meine Fehler wieder gutzumachen. Oder — da ich vor der Hölle denn doch eine zu entsetzliche Furcht habe — der Herr möchte mich für die ganze endlose Ewigkeit als ein allergeringstes Wesen in irgendeinen Winkel stecken, wo ich als ein allergeringster Landmann mir auf einem mageren Boden den allernötigsten Unterhalt mit meiner Hände Arbeit erwerben könnte. Dabei leistete ich ja von ganzem Herzen gerne Verzicht auf irgendeine höhere Beseligung, indem ich mich selbst für den allergeringsten Grad des Himmels bei weitem für zu unwert halte.

Das ist so mein Gefühl, denn Meinung kann ich's darum nicht nennen, weil ich's empfinde, daß das nun der innerste Anspruch meines Lebens ist. Es ist auf der über Hals und Kopf vernagelten Welt aber wohl auch nichts mehr zu machen; denn der allgemeine Zug des Stromes ist nun durch und durch schlecht, so daß es beinahe zur Unmöglichkeit wird, gut zu sein als ein Schwimmer wider den Strom.

Ich meine nicht, als sollte Er (*der Allmächtige*) mir meine große Schuld darum für geringer ansetzen, als sie in Wirklichkeit ist, sondern eine Berücksichtigung möchte ich darum, weil die Welt wirklich *Welt* ist, mit der selbst beim besten Willen nichts zu machen ist und man am Ende auch den guten Willen verlieren muß, ihr zu helfen, da man zu klar einsieht, daß man ihr gar nicht helfen kann.

Mein geliebtester Retter, sei mir darob nicht gram; denn ich redete nun, wie ich's bisher verstand und einsah. Du wirst es sicher besser verstehen und einsehen und mich darüber belehren; denn ich habe aus deinen Worten entnommen, daß du voll wahrer, göttlicher Weisheit bist und mir eine rechte Auskunft geben wirst, was ich zu machen habe, um wenigstens nur der Hölle zu entgehen.

Dazu gebe ich dir auch noch die Versicherung, daß ich nach deinem Wunsche meinem früheren Führer von ganzem Herzen vergebe! Denn ich war ja auch nur darum ärgerlich auf ihn, da ich bis jetzt noch nicht inne werden kann, was er mit mir für einen so ganz eigentlichen Plan hatte. Er ließ es zwar wohl sehr unbestimmt durchleuchten, was er mit mir für einen Plan haben könnte; aber dieses überlange Verlassen meiner Person von seiner Seite mußte mich am Ende über ihn ja doch ärgerlich machen. Aber nun ist alles vorbei, und so er jetzt herkäme, würde ich ihm deinetwegen augenblicklich um den Hals fallen und ihn küssen wie ein Sohn seinen lange nicht gesehenen Vater!«

(*Der Herr als der Schiffsmann:*) »Höre Mich nun an und merke genau, was Ich dir sagen werde!

Siehe, wohl weiß Ich, wie die Welt beschaffen ist, wie Ich es auch weiß, wie sie zu allen Zeiten beschaffen war. Denn wäre die Welt nicht arg oder wenigstens nur manchmal besser als ein anderes Mal, so hätte sie den Herrn der Herrlichkeit nicht gekreuzigt. Da ihr großböser Mutwille aber schon solches tat am grünen Holze, um wieviel weniger wird er des dürren Reisigs schonen! Daher gilt für die Welt ein für alle Male das, was aus dem Munde des Herrn im Evangelium geschrieben steht und lautet:

In diesen Tagen — das heißt, in der Zeit der Welt — braucht das Himmelreich Gewalt; nur die werden es besitzen, die es mit Gewalt an sich reißen! Eine solche moralische Gewalt aber, Freund, hast du dem Himmelreiche wohl nie angetan, darum du die Welt eben auch nicht zu sehr anklagen darfst, indem Meines höchst klaren Wissens du es zu allen Zeiten bei weitem lieber mit der Welt als irgend mit dem Geiste gehalten hast! Denn in diesem Punkte warst du eben einer der Hauptgegner aller geistigen Aufklärung, ein Feind der Protestanten und verfolgtest sie ob der vermeintlichen Ketzerei mit Haß und bitterstem Ingrimm! (...)

Du wirst nun hoffentlich einsehen, daß hier, wo nichts als die reinste Wahrheit, mit der ewigen Liebe geeint, nur gilt, mit all deinen Entschuldigungen nichts erreicht wird — außer mit der alleinigen ‚Mea quam maxima culpa!'[1] Das ist allein recht, alles andere gilt vor dem Herrn nichts! Denn das wirst du wohl zugeben, daß Gott die Welt in ihren kleinsten Fibern besser kennt von Ewigkeit her, als du sie je erkennen wirst. Darum wäre es auch der größte Unsinn,

---

1 »Meine sehr große Schuld!«

so du Gott dem Herrn zu deiner Entschuldigung beschreiben wolltest, wie sie ist; obschon du sagst, daß du das nicht zu deiner Entschuldigung sagst, sondern nur, daß der Herr mit dir eine Rücksicht nehmen solle — ohne dabei im geringsten zu bedenken, daß du selbst ein Hauptweltschlechtermacher warst!

Inwieweit du als ein Weltgefangener Rücksicht verdienst, wird sie dir nicht um ein Haar entzogen werden; aber in allem dem, was du ihr nun anwirfst, nicht die allergeringste! Was die Welt dir schuldet vor Gott, das wird mit einer kleinen Rechnung abgetan sein. Aber *deine* Schuld wird so kurz nicht ablaufen, außer du bekennst sie selbst reumütigst und bekennst auch, daß nie du — der du allzeit schlecht bist und warst —, sondern allein nur der Herr alles wieder gutmachen kann und dir vergeben deine Schuld.

Du hast wohl eine große Furcht vor der Hölle, weil du dich in deinem Gewissen ihrer wert fühlst und meinst, Gott werde dich da hineinwerfen wie einen Stein in einen Abgrund, — bedenkst aber nicht, daß du *nur deine eingebildete Hölle fürchtest, aber an der wirklichen ein großes Wohlgefallen hast und nicht heraus willst in der Fülle!*

Siehe, alles, was du bisher noch gedacht hast, war mehr oder weniger Hölle im eigentlichsten Sinn! Denn wo nur noch ein Fünklein Selbstsucht herausschaut und Eigendünkel und Beschuldigung anderer, da ist Hölle! Wo der fleischliche Sinn noch nicht freiwillig verbannt ist, da ist noch Hölle! Bei dir aber haftet das alles noch; somit bist du noch sehr stark in der Hölle! — Siehe, wie eitel da deine Furcht ist!

Der Herr aber, der Sich aller Wesen erbarmt, will dich daraus erretten — und nicht nach deiner römischen Maxime noch tiefer hinein verdammen! Daher sage fürder auch nicht vom Herrn, daß Er den durchaus in die Hölle fahren

Wollenden sage: ,So du denn durchaus zur Hölle willst, so sei's!'

Siehe, das ist eine sehr frevelnde Behauptung von dir! Du bist eben einer, der schon gar lange der Hölle nicht entsagen will; wann aber hast du von seiten des Herrn ein solches Gericht über dich vernommen? — Bedenke diese Meine Worte wohl und kehre dich danach in dir, so will Ich dies Schifflein also lenken, daß es dich aus deiner Hölle in das Reich des Lebens bringen soll. Es sei!«

(*Der Bischof:*) »O lieber Freund, ich muß es dir leider offen gestehen, daß es mit mir gerade so steht, wie du es mir nun ohne Vorenthaltung meiner Sünden kundgetan hast. Und ich sehe es auch ein, daß ich dagegen auch nicht die geringste Entschuldigung vorbringen kann; denn alles trifft mich rein ganz allein. Aber nur das möchte ich noch von dir erfahren, wohin du mich bringen wirst, — und was wird mein ewiges Los sein?«

Spricht der Schiffsmann: »Frage dein Herz, deine Liebe! Was sagt diese? Was ist ihre Sehnsucht? Hat dir diese aus deinem Leben heraus ganz bestimmt geantwortet, so hast du dann schon in dir selbst dein Los entschieden: *Denn jeder wird von seiner eigenen Liebe gerichtet!*«

Spricht der Bischof: »O Freund, so ich nach meiner Liebe gerichtet würde, da käme ich Gott weiß wohin! Denn in mir geht es noch geradeso zu wie im Gemüte eines modesüchtigen Weibes, das da in einem irdischen Modeverkaufsgewölbe vor sich hundert Modestoffe hin und her mustert und am Ende nicht weiß, was es nehmen soll! Meinem innersten Gefühle nach möchte ich bei Gott, meinem Schöpfer sein. Aber da treten mir meine vielen und großen Sünden in den Weg, und ich sehe dann die Realisierung solches meines Wunsches für rein unmöglich an!

Darauf denke ich wieder an jene — schon diesweltlichen — abenteuerlichen Schafe und Lämmer (*die jungen Frauen seines ersten jenseitigen Prüfungserlebnisses*); mit einem solchen Schafe wäre es gerade auch nicht unangenehm in Ewigkeit zu leben. Aber da sagt mir wieder wie ein innerer Mensch: ‚So etwas wird dich Gott ewig nie näherbringen, sondern dich stets mehr von Ihm entfernen!‘ — und damit sinkt auch dieser mein Lieblingsgedanke ins Grundlose dieses Meeres!

Wieder kommt mir der Gedanke, irgendwo in einem Winkel dieser ewigen Geisterwelt als ein allerschlichtester Landmann zu leben und nur wenigstens einmal die Gnade zu besitzen, *Jesus* zu sehen, wenn auch nur auf einige wenige Augenblicke! Aber da ermahnt mich wieder mein loses Gewissen und spricht: ‚Dessen bist du ewig nicht wert!‘ — und ich sinke wieder zurück in mein mit allen Sünden behaftetes Nichts vor Ihm, dem Allerheiligsten!

Nur *ein* Gedanke kommt mir am wenigsten schwer und unmöglich zu realisieren vor, und ich muß gestehen, daß das nun meine Lieblingsidee ist: nämlich bei dir, wo du auch sein magst, die ganze Ewigkeit zu sein und zuzubringen! Obschon ich auf der Welt diejenigen am wenigsten leiden konnte, die es wagten, mir die Wahrheit ins Gesicht zu sagen, so aber habe ich dich eben dadurch nun über alles liebgewonnen, weil du mir die Wahrheit wie ein allerweisester, aber auch wie ein allersanftester Richter schnurgerade ins Gesicht gesagt hast. Bei dieser Hauptlieblingsidee aber werde ich auch verbleiben in Ewigkeit!«

Spreche Ich: »Nun gut, wenn das deine Hauptliebe ist, von der du dich in der Folge aber noch tiefer überzeugen mußt, so kann sie sogleich ausgeführt werden! Siehe, wir sind nun nicht mehr fern von einem Ufer und ebensowenig ferne von meiner Wohnhütte. Mein Geschäft kennst du nun schon, daß ich ein ‚Lotse‘ bin im vollsten Sinne des Worts?

Du wirst nun dies Geschäft mit mir teilen; den Lohn für unsere Bemühungen wird uns unser Grundstückchen bringen, das wir in geschäftsfreien Augenblicken nach Möglichkeit emsigst bearbeiten wollen. Und sieh dich um, neben dir wirst du noch jemanden finden, der da getreuest mit uns halten wird!«

Der Bischof sieht sich auf dieser Seefahrt zum erstenmal um und erkennt sogleich den Engel Petrus (*seinen vermißten Führer*); er fällt ihm um den Hals und bittet ihn um Vergebung ob der angetanen Schmähungen. Petrus erwidert die gleiche Liebe und preist den Bischof glücklich, daß sein Herz diese Wahl getroffen hat aus seinem innersten Herzensgrunde.

Das Schiffchen stößt nun ans Ufer, wo es an einem Stock befestigt wird, und wir alle drei gehen in die Hütte.

Bisher aber war es gleich stets mehr dunkel als hell. In der Hütte fing die Dunkelheit jedoch mehr und mehr an sich zu verlieren, und eine wohltuende Dämmerung verscheuchte nach und nach stets mehr die frühere Nacht — natürlich vor den Augen des Bischofs nur, denn vor *Meinen* (des Herrn) und des Engels Petrus Augen war es stets der allerhellste, ewige, unvergängliche und unveränderlichste Tag!

Daß es aber nun auch vor den Augen des Bischofs zu dämmern anfing, geschah aus dem Grunde, weil in seinem Innersten die *Liebe* aufzutauchen begann, nachdem durch Meine Gnade der Bischof eine große Menge irdischen Unflates freiwillig aus sich hinausgeschafft hatte und noch fortschafft. —

(Das Weitere ist nachzulesen im Buch »Bischof Martin« — Seine Führung im Jenseits.)

Zehnte Szene
Der Arme

Am 16.Oktober 1848

Hier folgt als weitere kurzgefaßte Szene aus dem Geisterreich der Tod oder eigentlich Austritt aus diesem irdischen
Prüfungsleben in das wahre ewige Geistesleben eines armen
Tagwerkers, desgleichen Menschen die Großen der Welt
nun »Luder«, »Kanaille« und »elendes Lumpengesindel« nennen.

Da gehet mit Mir in ein ärmstes Stübchen, das mehr dem
Loch eines Bären als einem für Menschen bewohnbaren
Zimmer gleicht. Kaum zwei Kubikklafter beträgt der innere Raum. Eine stark schadhafte Tür führt in dieses Loch,
das über der Tür eine zwei Spannen lange und eine Spanne
hohe Öffnung hat, durch die ein von einer schmutzigen
Stallmauer eines nachbarlichen Reichen sehr gebrochenes
und geschwächtes Licht fällt und des Loches innere Räum-
lichkeit gerade soviel erleuchtet, daß sich dessen sieben
Bewohner nicht die Augen gegenseitig verletzen mögen.
Dieses Prachtstück von einem Wohnzimmer hat weder Ofen
noch Herd; des letzteren Stelle vertritt in einem Winkel
ein schmutzigster, unbehauener, kaum ein Fuß hoher Kalk-
stein, auf dem die armen Bewohner dieses wahren »Bären-
grabes« sich ein spärliches Mahl kochen, so sie so glücklich
sind, sich dazu durch Arbeit und Betteln das nötige Material
zu verschaffen.

Notabene: Für diese »herrliche« Wohnung müssen diese
Armen einem reichen Hausherrn monatlich 1 fl. 30 kr.
Miete bezahlen und sind damit sogar noch sehr zufrieden,
weil ihr Hausherr sie wenigstens nicht zu sehr betreibt, so
sie den Mietzins nicht sogleich am Ersten des Monats bezahlen können, sondern ihnen oft sogar vierzehn Tage zu-

wartet. Ja ihr Hausherr ist sogar »so gut«, daß er ihnen wegen der Erkrankung ihres armen, siebzig Jahre alten Vaters 30 Pfund schimmeliges Roggenstroh um 20 Kreuzer hat zukommen lassen und hat auf die Bezahlung ebenfalls zehn volle Tage gewartet! Wahrlich, so ein »herzensguter« und »geduldiger« Hausherr wird doch einst auch bei Mir, dem Herrn, auf Erbarmung und Geduld Anspruch erheben können!? —

Nun sehet, dort in dieses Loches finsterstem Winkel liegt auf dem »frischen« 20-Kreuzer-Stroh eben unser armer Tagwerksmann. Bei einer schweren Bauarbeit fiel er vor einigen Jahren von einem schlechten Gerüst und brach sich zwei Rippen und einen Arm. Er wurde wohl in ein Armenspital gebracht, dort aber ärztlich ein halbes Jahr tyrannisiert und darauf, höchst schlecht geheilt, unter ärztlichem Parere[1] als Genesener entlassen.

Von da an siech, schwach und somit zu keiner schweren Arbeit mehr fähig, behalf er sich mit seinem ebenfalls kranken und schwachen Weibe und mit fünf weiblichen Kindern, darunter das älteste vierzehn Jahre zählt, durch allerlei kleine Arbeiten, die seinen Kräften angemessen waren, und manchmal wohl auch durch irgendeine milde Spende, die entweder sein Weib oder seine Kinder dann und wann von einem seltenen weicheren Herzen erbettelten. Alter, Schwäche, Kälte und schlechteste Kost, wie eine zurückgebliebene krebsartige Rippenwunde warfen ihn nun auf dieses elendeste Krankenlager, auf dem wir ihn besuchend nun ersehen.

Abgemagert wie eine ägyptische Mumie aus der Zeit der Pharaonen, voller Schmerzen am ganzen Leibe, dessen Hüfte, Steißbein und wenigstens um einen Zoll hervorra-

1 Gutachten.

gendes Rückgrat ganz wund sind von dem harten Lager, dazu noch mit dem leersten, aller Speise entblödeten Magen, — so voll brennenden Hungers spricht er mit sehr gebrochener Stimme zu seinem Weibe: »Mutterchen, hast du gar nichts mehr? Kein Stückchen Brot? Keine warme Brühe? Keine gekochten Erdäpfel? — O Gott, o Gott! Wie bin ich doch gar so entsetzlich hungrig! Vor Schmerzen kann ich mich nimmer rühren, und dazu noch solch ein Hunger! O mein Gott, mein Gott! Erlöse mich doch endlich einmal von dieser Qual!«

Spricht das Weib, das vor Mattigkeit und Hunger auch kaum mehr zu stehen vermag: »O du mein armer, liebster Mann! Schon um sechs Uhr heute morgen sind die drei ältesten Kinder ausgegangen, bei guten, mitleidigen Menschen etwas zu erbitten, und nun ist's schon drei Uhr nachmittags und noch kommt keines zurück! Ich zittere am ganzen Leibe vor Furcht und Angst, daß ihnen etwas Übles begegnet ist. O Jesus und Maria! Wenn sie vielleicht gar ins Wasser oder in die unbarmherzigen Hände der Polizei geraten sind!? Ich zittre an Händen und Füßen! — Jesus stärke dich unterdessen; ich will mit Gottes Hilfe alle meine Kräfte zusammenraffen und gerade zur Polizei gehen und da nachfragen, ob sie dort nicht wissen, wohin etwa doch unsere armen Kinder gekommen sind!«

Spricht der Kranke: »Ja, ja, liebe Mutter, gehe, gehe, — mir ist auch schon über alle Maßen angst und bange! Aber bleibe ja nicht lange aus, und bringe mir etwas zu Essen mit, sonst sterbe ich vor Hunger! Bedenke, — schon zwei volle Tage sind es, wo wir alle nichts gegessen haben. Wenn die drei armen Mädel nur etwa nicht vor Mattigkeit irgendwo liegengeblieben sind!? — O mein Gott, o mein Gott, so muß doch alles Elend über mich kommen!«

Das Weib geht fort, und wie sie kaum auf die Gasse

kommt, da ersieht sie auch schon einen Amtsschergen, der die drei Kinder vor sich hertreibt. Die Mutter, solches ersehend, macht einen Schrei des Entsetzens und spricht, die Hände übers Haupt erhebend: »Gerechter Gott! O Jesus! Das sind ja meine armen Kinder!«

Die Kinder keuchen der Mutter ganz verweint zu: »O Mutter, Mutter! Dieser wilde Mensch hat uns in einer Gasse, wo wir einen Menschen um ein Almosen für unsern sterbenskranken Vater anbettelten, abgefangen, hat uns dann in ein finsteres Zimmer eingesperrt, und weil er uns schon öfter betteln gesehen habe, so kam er dann mit einem noch abscheulicheren Menschen, der wie ein Herr ausschaute; der ließ uns dann, trotzdem wir ihn auf Knien baten, so mit Ruten hauen, daß wir am Hinterleibe ganz blutig sind! Darauf fragte er uns hart, wo wir wohnten, und als wir ihm vor Schmerz kaum unsere Wohnung angeben konnten, da gebot er dann diesem wilden Menschen, der uns so schrecklich geschlagen hat, daß er uns nach Hause bringen solle. — O Mutter, Mutter, das tut erschrecklich weh!«

Die Mutter, kaum der Sprache mächtig, seufzt tief zu Mir auf, sagend: »O Herr, Du gerechtester Gott! Wenn Du lebst, wie kannst Du solche Greuel ansehen und sie ungestraft geschehen lassen? O mein Gott, mein Gott, wie kannst Du solch ein Elend über uns kommen lassen!? Darauf weint sie bitterlich. Der Polizeimann aber verweist der Mutter, also auf der Gasse zu räsonieren, um die Vorübergehenden auf sich aufmerksam zu machen, und gebietet ihr, sich sogleich in ihre Wohnung zurückzuziehen.

Die Mutter entschuldigt sich als Mutter und spricht weinend: »O Herr, kann ich wohl anders als weinen? Mein siebzigjähriger, auf den Tod kranker Mann liegt überhungrig auf purem Stroh; wir alle haben zwei Tage nichts gegessen. Diese Spätherbstzeit ist naß und schon sehr kalt, und wir

76

haben kein Spänchen Holz, um uns unsere feuchte und kalte Wohnung zu erwärmen. Ich selbst bin schwach und krank. Diese drei Mädchen waren unsere einzige Stütze, und diese habt ihr uns zu Krüppeln geschlagen! O Gott! Wie sollte ich dazu schweigen können? Wie könnt ihr mir das gerechte Weinen verbieten? Seid ihr denn kein Mensch, kein Christ?!«

Hier will der Polizeimann sie zurückschieben; aber hinter einer Ecke springt ein herzhafter Mann hervor und schreit zum Polizeimann: »Halt Freund! Bis hierher und nicht um ein Haar mehr weiter! — Hier hast du arme Mutter 30 fl.; verpflege dich damit so gut als du magst. Du gefühllosester Henkersknecht aber entferne dich sogleich von dannen, sonst treibe ich ein paar Kugeln durch deinen Tigerschädel!«

Der Polizeimann will den Wohltäter für diese Drohung arretieren; aber der Fremde zieht sogleich eine scharf geladene Pistole aus der Brusttasche seines Rockes und hält sie dem Schergen entgegen, der es nun freilich für rätlicher hält, sich schleunigst zu entfernen, als sich von diesem nun ganz entsetzlich ernst aussehenden Manne etwas vorschießen zu lassen.

Nachdem der Polizeischerge aus dem Gesichte ist, geht auch dieser Mann ganz still und gelassen seinen Weg weiter. Die Mutter und die drei Kinder werfen ihm noch weit ihre Dankesküsse nach. Und die Mutter, von ihren drei geschlagenen Töchtern, die ihren Schmerz ob dieses Wohltäters völlig vergessen haben, unterstützt, eilt sogleich in die nächste Schenke und kauft Brot, etwas Wein und Fleisch. Der Kellner macht freilich eine etwas bedenkliche Miene, als er von diesem armen Gesindel eine 10 fl.-Banknote zu wechseln bekommt. Aber er denkt sich: Geld ist Geld, ob gestohlen oder auf eine ehrliche Art erworben, wechselt der Armen die Banknote und verabreicht ihr das Verlangte.

Damit nach Hause eilend, finden sie den armen Mann weinend vor Schmerz und Hunger. Die Mutter gibt ihm sogleich etwas Brot und Wein, und die älteste Tochter springt zu einem nächsten Kreisler[1] und kauft um ein paar Groschen Holz, Feuerzeug und auch ein halbes Pfund Kerzen.

Als sie damit nach Hause kommt, findet sie zu ihrem Entsetzen zwei Polizeischergen vor der Tür des Armen, die nun eiligst zurückgekehrt sind, den wohltätigen Mann entweder noch hier zu treffen oder, im entgegengesetzten Falle, sich bei dem armen Weibe möglicherweise von dem Stande und der Wohnung dieses Mannes in Kenntnis zu setzen. Und würde das Weib nicht Rede und Antwort geben, so solle sie arretiert werden.

Mit diesem »löblichen« Vorhaben, vom Polizeiamt dahin beordert, treten sie mit dem armen Mädchen in die finstere Stube, sogleich ein Licht verlangend und das Weib bedrohend, über jenen Mann volle Auskunft zu geben, widrigenfalls sie mit ihnen auf das Polizeiamt gehen müsse. Das arme Weib, solches vernehmend, sinkt vor Angst zusammen. Die älteste Tochter, auch bebend vor Angst, macht das verlangte Licht, und die zwei Schergen, den Kranken auf dem Boden nahezu nackt, nur mit dürftigsten Lumpen teilweise bedeckt ersehend, schaudern anfangs wohl etwas zurück, ermannen sich aber bald und fragen das halbtote Weib um des bewußten Mannes Stand und Wohnort.

Das Weib bebt und ist keiner Antwort fähig. Die beiden Schergen halten diesen Zustand für Tücke, reißen das Weib vom Boden und wollen es sogleich einführen. Der kranke Mann und die fünf Kinder bitten um Gnade und Erbarmen, aber die beiden handeln stumm ihr »schönes« Amt.

1 Händler.

Aber im Augenblick, als die zwei Schergen das Weib schon an der Türschwelle halten, kommt unser Mann mit noch drei kräftigen Gehilfen. Sie entwinden zuerst das vor Angst halbtote Weib den Händen dieser zwei Schergen und hauen diese dann ganz weich durch, so daß sie kaum gehen können, und bedrohen sie, wie ihr ganzes Amt darauf, sagend: »Im Namen Gottes! So ihr elenden Bestien es noch einmal waget, diese heilige Stätte zu betreten, in der Gottes Engel wohnen, da erwartet von uns die fürchterlichste Rache! Wir sind nicht Menschen und Wesen dieser Welt, sondern wir sind Schutzgeister dieser Engel, die hier die Probe des Fleisches durchmachen!«

Darauf verschwinden die vier Helfer. Die zwei Schergen aber ziehen auch, nun ganz nüchtern, von dannen, um nicht wiederzukommen.

Das Weib erholt sich darauf bald und sorgt nun — *Mir* für diese Rettung dankend —, daß der dem Ende sehr nahe Mann eine warme Suppe bekomme. Die Suppe ist bald fertig und wird dem alten Manne unter tausend Segnungen dargereicht, der sie, Mir und den Seinen dankend, mit großem Appetit verzehrt.

Dadurch etwas gestärkt, spricht er zum Weibe und zu seinen Kindern: »Du, mein teures Weib, und ihr, meine geliebtesten Kinder, habt nun meinetwegen viel ausgestanden. Aber ihr habt euch dabei auch sichtbar überzeugt, daß des Herrn Hand für euch stritt und eure Feinde wie einen schlechten Spukgeist von dannen trieb. Vertrauet also fortan auf den Herrn; Er wird euch dann am nächsten sein, wenn eure Not am höchsten sein wird! — Vergebet allen, die gegen uns und besonders gegen euch hart waren; sie sind maschinenmäßige Werkzeuge einer blinden, herrschsüchtigen Polizeiamtsherrschaft und tun, ohne zu forschen und zu wissen, was sie tun. Der Herr allein soll ihr Richter sein!

Ertraget euer Kreuz mit Geduld und sucht nie ein Glück dieser Welt; denn Glückskinder dieser Welt sind keine Gotteskinder. Was da herrlich ist in dieser Welt, das ist vor Gott ein Greuel! Fürchtet euch vor nichts so sehr wie vor dem Weltglücke, denn dieses ist das größte Unglück für den Geist.

Sehet, was hätte oder was möchte es mir nun genützt haben, so ich einer der reichsten Erdenbürger wäre? Nun am Rande meiner irdischen Laufbahn hätte ich nichts als den sicheren ewigen Tod vor mir. — Aber wie ganz anders steht es nun mit mir! Der Tod hat seine Schrecken vollends ausgezogen; für mich gibt es keinen Tod mehr! Schon bin ich erlöst von allen meinen irdischen Leiden, und vor mir steht schon weit geöffnet die herrliche Pforte in das Reich Gottes!

Sehet, mein Leib, dieser abgenützte Sattel der Seele zur Tragung des Gotteskreuzes, liegt nun schon kalt und tot auf dem harten Strohlager. Aber ich, Seele und Geist, der ich diesen nun toten, von mir abgefallenen Leib siebzig Jahre lang bewohnte, bin nun frei, lebe schon ein ewiges Leben und habe des Leibes Tod weder gesehen noch gefühlt; denn in einem mir kaum bewußten wunderbaren Augenblick bin ich von meiner beschwerlichen Last freigemacht worden. Befühlet den Leib und überzeugt euch, daß er schon völlig tot ist. (Das Weib und die Kinder befühlen den Leib und finden ihn kalt und hart und tot.) Und seht, ich lebe dennoch und rede mit euch nun viel vollkommener, als ich je geredet habe!

Der Grund von dem aber ist, daß ich stets an Jesus, den Gekreuzigten, geglaubt und soviel es mir möglich war, nach Seinen Geboten gehandelt habe. Wie Er aber gelehrt hat im Tempel — nämlich, daß die den Tod nicht sehen und schmecken werden, die Sein Wort annehmen und danach leben, so hat sich das an mir nun auch als ewig wahr bestätigt, denn ich habe den Leib abgelegt, ohne gefühlt zu haben, wie und wann.

Kein Vermögen hinterließ ich euch, meine große irdische Armut ist euer aller Erbe! Aber freuet euch darob; wüßten die blinden Reichen der Erde, welch ein Reichtum für den Geist die irdische Armut ist, sie flöhen ihre Geldsäcke wie die Pest! Aber ihre große Blindheit hält *das* für einen Gewinn, was sie für ewig tötet. So lassen wir sie denn auch wandeln den Weg des Verderbens. Wollt ihr aber am Ende eurer irdischen Reise auch so glücklich sein, wie ich es nun bin, so fliehet das Weltglück und suchet es nimmer!

Glaubet es mir, der ich nun schon vom Jenseits herüber mit euch rede: Je größer jemandes Kreuz ist und je schwerer zu tragen, desto leichter und unfühlbarer wird sein Übertritt von dieser Welt der Materie in die des Geistes sein. Denn alles, was Christus nachfolgt, muß den Weg des Fleisches wandeln. Alles muß in Christus gekreuzigt werden und in Ihm sterben, ansonst es in Ihm und durch Ihn ewig zu keiner Erweckung und Auferstehung gelangen kann!

Durch Armut, Not und andere Lebensbeschwernisse aber wird das Fleisch schon in Christus gekreuzigt und getötet; daher wird denn auch ein jeder, der so lebt, wie wir gelebt haben und ihr noch lebt, da, wo die Reichen am Ende ihres Erdenglücks ganz eigentlich sterben, — erweckt und wird am scheinbaren Sterbelager die schon volle Auferstehung zum ewigen Leben ernten! Denn der in den Willen des Herrn ergebene Arme stirbt beständig, und wenn sein Ziel vollendet ist, da ist er auch schon mit allem Tode fertig und kann daher nicht mehr sterben, sondern nur auferstehen in Christus. — Aber ganz anders ist es bei jenem Menschen, der in einem fort seinen Gelüsten gelebt hat. Solch ein Mensch stirbt am Ziele seines Fleisches wirklich und vollkommen und kann jenseits nur schwer — auch wohl gar nicht und nimmer — erweckt werden.

Das alles behaltet in euren Herzen und seid voll Freude, so euch die Welt verachtet und euch mit schimpflichen Namen belegt und euch verfolgt mit allerlei Waffen ihres argen, harten Herzens. Denn der Herr beobachtet die »Arge« allzeit und kennt ihre Pläne! Ich sage euch: Wenn ihr erstehen werdet, da wird *sie* zugrunde gehen. Darum suchet vor allem nur das Reich Gottes und seine Gerechtigkeit; alles andere wird euch umsonst hinzugegeben werden.

Freuet euch daher nie über die Reichen dieser Welt, sondern bedauert sie vielmehr; denn sie alle sind überarm im Geiste. Aber desto mehr freuet euch derjenigen, die wie ihr in allerlei Kreuz und Nöten sich befinden! Denn solche sterben täglich Christus, um dann am Ende nicht mehr zu sterben, sondern aufzuerstehen zum ewigen Leben in Christus.

Diese meine letzten Worte auf dieser Welt seien euer großer Reichtum, den ich euch hinterlasse; von diesem Erbe werdet ihr keine Steuern zu entrichten haben! — Diesen meinen Leib aber schaffet bald aus dem Zimmer; denn er ist vollkommen tot. Machet aber ja keine Zeremonien dabei, denn alle solche Zeremonien sind vor Gott ein Greuel. Also dürft ihr auch keine Messe zahlen; denn Gott den Herrn ekelt es vor einem bezahlten Gebet. Alles aber, was ihr tut, das sei ein lebendiges Lob dem Herrn, darum Er mir eine so große Gnade hat erweisen wollen. Ihm allein sei alle Ehre, alles Lob und alle unsere Liebe ewig. Amen.«

Mit diesen Worten verstummt er für diese Welt und ist schon früher dem Leibe nach vollkommen tot. —

Alsogleich ersieht er neben sich drei überaus freundliche Männer in weißer Faltenkleidung stehen, die ihn gar lieblich begrüßen und ihm die Hände zum ewigen Bruderbunde reichen. Gern und selig und aller irdischen Leiden vergessend reicht er ihnen auch die seinigen hin, sich noch über seinem irdischen Leibe wie aufrecht sitzend befindend und sagend: »O ihr lieben, mir noch völlig unbekannten Freunde des Herrn Jesu Christi, was ihr sicher seid! Volle sieben Dezennien, die ich auf der harten Erde verlebte, habe ich wohl — irdisch genommen — wenig gute, aber dafür desto mehr kummervolle Tage erlebt, und die letzten waren wohl die bittersten. Denn in diesen regnete es nur so von Schmerzen und tiefster Not über meine arme sündige Haut. Aber dem Herrn sei alles aufgeopfert und Ihm allein alles Lob und alle meine Liebe ewig dafür! Denn obschon ich wahrlich viel gelitten habe, so hat es aber dennoch nie an zeitweiligen Tröstungen gemangelt, die mich wieder im Herzen ganz aufgerichtet und all die körperlich tödlichbittersten, gräßlichen Schmerzen und Wunden des Leibes im Namen des Herrn verachten gelehrt haben. Und nun habe ich mit der großen Gnade, Hilfe und Erbarmung Gottes, des Herrn Jesus Christus, alles überstanden und erwarte eben in der Geduld, die mir auf Erden so oft alle Leiden milderte, was des Herrn heiligster Wille über mich verfügen wird. Ihm allein sei alle meine Liebe, all mein Lob und meine Anbetung gereicht, — Sein allein heiliger Wille geschehe!«

Spricht einer der drei weißgekleideten Männer: »Lieber Freund, was würdest du aber tun, so dich der Herr um Seiner großen Heiligkeit willen und deiner läßlichen Sünden wegen — und das nach deinem Glaubensbekenntnis — ins Fegefeuer so auf etwa eine unbestimmte Zeit beheißen würde, wo du übergroße Schmerzen leiden müßtest? Könntest du da auch unter den größten Feuerschmerzen den Herrn noch loben und preisen? Und könntest du Ihn noch lieben?«

Spricht der Arme: »O du lieber Freund! Des Herrn endlose Heiligkeit fordert wohl die größte Reinheit jener Seele, die Seiner Anschauung würdig werden sollte; aber Seine ebenso unendliche Weisheit und Güte weiß es ja auch, wieviel Schmerz eine arme Seele ertragen kann, und wird sie daher nicht überbürden! — Fordert aber Seine Gerechtigkeit Seiner unendlichen Heiligkeit wegen solches von mir, so geschehe auch da Sein heiliger Wille! Denn ich ersehe auch darin noch Seine große Liebe, die nur darum solche Reinigung der Seele verordnet, damit diese würdig werden möchte, zur Anschauung Gottes aufgenommen zu werden!

Ich sage, der Herr ist allzeit die reinste Liebe, somit endlos gut, und alles, was Er tut, ist gut. Daher geschehe nur ganz allein Sein allerheiligster Wille! Denn so ich auch um Schonung und Erbarmung flehen würde, so wäre das sicher nie so gut für mich, als was des Herrn höchste Weisheit und Liebe über mich verordnet und bestimmt. Darum sage ich ein für alle ewigen Male: Gelobt sei der Herr Jesus Christus, der da als einiger Herr-Gott mit dem Vater und Heiligen Geiste herrschet und regiert von Ewigkeit zu Ewigkeit! Sein allerheiligster Name werde gepriesen, und Sein allein heiliger Wille geschehe!«

Spricht der Weißgekleidete: »Da hast du nun vollkommen recht und wahr gesprochen. Aber bedenke, daß du ohne Beichte und Kommunion gestorben bist; könnte es nicht leicht sein, daß, so du nun vor Christi Richterstuhl hintreten müßtest, eine Todsünde an dir gefunden würde und du im Stande der Ungnade — nach der Lehre deiner Kirche — in die Hölle auf ewig fahren müßtest? Wie würdest du da den Herrn loben und preisen?«

Spricht der Arme: »Freunde, was ich tun konnte, das habe ich sicher getan. Daß ich am Ende nicht beichten konnte, war ja nicht meine Schuld. Und vor drei Wochen habe ich ohnehin gebeichtet, wo mir der Beichtvater versicherte, daß ich nun lange nicht mehr der Beichte bedürfe. — O Freunde, so ich aber dennoch irgend eine mir unbewußte Todsünde an mir haben sollte, da wohl bittet den Herrn für mich armen Sünder, daß Er mir gnädig und barmherzig sein möge! Denn in die Hölle zu kommen auf ein leidenvolles irdisches Leben, wäre wohl das Allerschrecklichste! O Herr, Dein Wille wohl geschehe, aber sei mir armen sündigen Seele dennoch gnädig und barmherzig!«

Spricht der weiße Mann wieder: »Ja — lieber Freund, mit unserer Fürbitte, im Falle du eine Todsünde an dir hättest, würde sich's vielleicht doch nicht tun. Denn du weißt es ja aus der Lehre deiner Kirche, daß bei Gott nach dem Tode keine Erbarmung stattfinden kann wegen Seiner allervollkommenst strengsten und unwandelbarsten Gerechtigkeit. Zudem hast du auf der Welt ja ohnehin nie auf die Fürbitte der Heiligen und auf das Meßopfer stets wenig und am Ende sozusagen gar nichts mehr gehalten, wodurch du gegen deine Kirche ohne alle Widerrede als Ketzer dich benommen hast und in ihrem Angesichte zu einem größten Sünder wurdest. Wenn wir da nun auch bei Gott für dich bitten würden, meinst du wohl, daß dir unsere Fürbitte etwas nützen möchte? — Warum hast du denn auf die Litaneien der Kirche und auf ihre Seelenmessen — deinem eigenen letzten Bekenntnisse nach — nichts gehalten, da du deinen Hinterlassenen die Lehre gabst, daß bezahlte Gebete vor Gott ein Greuel sind, darum sie für dich ja keine Messe zahlen sollen? Da sich aber dies alles bei dir doch also verhält, wie sollen wir für dich bei Gott bitten? Was meinst du nun in dieser Hinsicht? Wird oder kann dir das wohl etwas nützen bei Gott?«

Spricht der Arme voll Geist und voll tiefer Fassung: »Freunde, wer ihr auch sein möget, das ist mir gleich; mehr als Gottes Geschöpfe seid ihr nicht, und das — Gott dem Herrn ewig Dank und Liebe! — bin ich auch und glaube, mit euch ebenso frei reden zu dürfen, wie ihr mit mir redet.

Ich war auf der Welt wohl sehr arm und elend; aber ich konnte lesen, etwas schreiben und ziemlich gut rechnen. Sonn- und Feiertage habe ich meistens mit dem aufmerksamsten Lesen und Betrachten der Heiligen Schrift zugebracht. Je mehr ich mich darin zurechtfand, desto klarer wurde es mir, daß die römisch-katholische Kirche gerade das schroffste Gegenteil von all dem tut und getan haben will, was Christus und die Apostel laut den vier Evangelien und den Briefen der Apostel gelehrt und selbst getan haben. — In einem Brief des Apostels Paulus fand ich sogar die Donnerstelle: ‚Und so ein Engel aus den Himmeln käme und lehrete euch ein anderes Evangelium, als das ich euch künde, nämlich von Jesus dem Gekreuzigten, der sei verflucht!‘[1]

Diese Sentenz fuhr mir wie tausend Blitze durch die ganze Seele, und ich dachte und fragte mich: Wie steht es denn bei sogestalteten Worten des Apostels mit der Lehre Roms, die das Wort Gottes nicht nur nicht lehrt und es allen Laien verbietet zu lesen, sondern lehrt ganz andere Dinge, die ganz dem finstersten Heidentume gleichen? Wem soll ich nun glauben?

Eine innerste Stimme sprach nahe ganz laut zu mir: ‚Glaube dem Worte Gottes!‘ Und ich tat, wie die innerste Stimme gesprochen hatte.

Mir wurde von Tag zu Tag klarer, daß ich recht tat. Denn ich begriff es im Herzen und war im Geiste und in der Wahrheit von allem überzeugt, was ich treu glaubte und tat, — daß die Lehre Christi reines und allein wahrstes

1 Gal. 1,8.

86

Wort Gottes ist, in der allein alles Heil und das ewige Leben zu suchen und zu finden ist!

Gott ist unveränderlich. Wie Er war, so wird Er auch bleiben der *eine* endlos vollkommenste ewige *Geist der reinsten Liebe.* Wie könnte Er die Kirche in Rom gegründet haben, die nichts als Haß und Verfolgung, Verderben, Tod und Hölle predigt?[1] ‚Nein, ewig nein!‘, sprach es in mir, ‚wer da richtet und verdammt seine Brüder, der ist selbst gerichtet und verdammt! — Richte und verdamme aber auch du niemanden in deinem Herzen, so wirst auch du nicht gerichtet werden!‘ — So vernahm ich's, und so handelte ich auch. Wohl sah ich stets heller, wie Roms Pfaffen mit dem Herrn im Geiste es noch tausendmal ärger trieben als jene, die Ihn einst wirklich dem Leibe nach kreuzigten; aber ich richtete sie dennoch nie, sondern sprach allzeit in meinem Herzen: Herr, vergib ihnen, denn sie alle sind stockblind und wissen nicht, was sie tun!

Ich sah und begriff des Herrn endlose Liebe stets mehr und mehr. Daher wuchs aber auch meine Liebe zu Ihm so mächtig in mir, daß alle meine irdischen Leiden sie nicht im geringsten zu schmälern vermochten, sondern stärkten sie nur stets mehr und mehr! Und so sage ich euch nun auch ganz frei und unverhohlen: Christus ist meine Liebe und mein Leben — auch in der Hölle, wenn ich schon von euch aus dahin verdammt sein soll; auch die Hölle wird Ihn mir nimmer rauben!

Wohl weiß ich, daß ich vor Gott als ein unwürdigster Sünder dastehe, und bin nicht würdig, meine Augen dahin zu erheben, wo Er, der Allerheiligste, wohnt! Aber saget es mir, wo wohl in der weiten Unendlichkeit Gottes wohnt ein Engel oder ein Mensch, der da sagen könnte gleich dem

---

1 Siehe hierzu auch Gr.Ev.Johannes Bd.5, Kap.9.

Herrn: ‚Wer aus euch kann mich einer Sünde zeihen?' —
Wahrlich, es ist mir seliger zu sagen: ‚Herr, ich bin der
Allerunwürdigste!' als: ‚Ich bin Deiner Gnade der Würdig-
ste!' Ich wie auch sicher ihr können nur sagen — und so
wir auch alles getan hätten, was Er zu tun uns geboten
hat —: ‚Herr, wir alle sind Deine unnützesten Knechte gewesen und haben uns durch nichts Deiner Gnade würdig
gemacht. O Herr, o Vater! Sei uns daher — Deiner alleinigen endlosen Verdienste um uns Unwürdigste wegen —
gnädig und barmherzig!'

Dies zu sagen und zu bitten haben wir allein nur das
Recht; alles aber, was darüber ist, halte ich für eine eigent-
lichste Todsünde, zeitlich wie ewig! Nun werdet ihr hoffentlich begreifen, warum ich auf die Litanei und auf die
bezahlten Gebete nichts gehalten habe. Aber für eine wahre
Fürbitte nach der Wahrheit und Liebe des Herzens von seiten eines Bruders für den andern war ich allzeit eingenom-
men und bat also aus *dem* Grunde auch euch darum. Ihr
aber könnt tun, was ihr wollt. In allem aber geschehe des
Herrn allerheiligster Wille ewig!«

Spricht der Weißgekleidete wieder, innerlich ganz entzückt über diesen neuen herrlichen Bruder: »Lieber Bruder,
wir sehen deinen wahren Ernst, Mut und Eifer um den
Herrn, der wahrlich wie ein Fels dasteht. Aber frage dein
Herz, ob du dich auch vor dem Angesichte des Herrn also
zu reden getrauen würdest?«

Spricht der Arme: »Da könnte nur meine übergroße Liebe
zu Ihm mir wohl die Zunge, aber nie meinen Mut lähmen.
Und wahrlich, es gehört gar nicht viel Mut dazu, vor Gott
Selbst zu bekennen, daß man sich vor Ihm allerwahrst als
ein nutzloseste und somit Seiner Gnade und Erbarmung
bedürftigster Knecht anpreiset. — O ich habe Christus noch
nie im eigentlichsten Sinne gefürchtet; denn ich liebte Ihn

zu sehr, als daß ich mich vor Ihm hätte fürchten können.
— Nur saget mir, ob ich noch lange hier verbleiben werde
oder nicht. Ich möchte wohl schon recht sehr bestimmt
wissen, wohin ich mich werde zu begeben haben!

Spricht der weißgekleidete Mann: »Nur noch eine kleine
Geduld, wir müssen noch jemanden deinetwegen erwarten.
Sowie der ankommen wird, vom Herrn dein Urteil über-
bringend, wirst du sogleich dieser Stelle enthoben werden
und wirst dahin ziehen, wohin es der Wille Gottes bestimmen wird. — Siehe, dort vom Morgen her gehet er schon;
bald wird er hier sein! — Hast du keine Furcht vor ihm,
der da kommt im Namen des Herrn?«

Spricht der Arme: »O nein! So ich den Herrn Selbst über
alles liebe, wie sollte ich den fürchten, den Er zu mir
sendet?«

Spricht der weißgekleidete Mann: »Weißt du, lieber Bruder, aber, daß selbst der Gerechteste des Tages siebenmal
sündigt, ohne zu wissen, daß er sündigt? Wenn du nun alle
Tage zusammenzählst, von deinen zurechnungsfähigen Jahren angefangen, und sie mit sieben vervielfältigst, da dürfte
doch eine ganz bedeutende Menge von Todsünden zusam-
menkommen, besonders angenommen, daß — nach Ignatius
von Loyola — vier kleine auch eine große ausmachen! Und
wenn der Bote mit einer solchen Rechnung zu Wege käme,
würdest du dich auch dann nicht fürchten vor dem Boten
des Herrn?«

Spricht der arme Mann: »Nein, und noch einmal gesagt:
durchaus nein! Ich muß euch, meine lieben Freunde, offen
gestehen, daß es mich geradewegs freuen würde, als ein
recht großer Sünder befunden zu werden! Denn die Sünde
erhebt mich nicht, sondern sie demütigt mich, und das ist
gut und recht. Ich habe das gar oft auf der Erde empfun-
den, so ich eine freilich kurze Zeit mir öfter keiner Sünde

bewußt war, was bei mir besonders nach einer Beichte der Fall war, — in solch einem Zustande war ich bei mir selbst ganz hochmütig aus vermeintlicher purer sittlicher Unbescholtenheit und sagte auch heimlich bei mir, so ich irgend so einem rechten Lumpen von einem Menschen begegnete: Gottlob, daß ich nicht so bin wie dieser, Gottes und jedes Menschenrechtes vergessende Kerl!

Aber wenn ich bald darauf selbst wieder in irgendeine Sünde verfiel, da dachte ich dann in aller Zerknirschung meines Herzens, so mir ein anderer Sünder unterkam: Schau, dieser, den du für einen schlechten Kerl hältst, ist vielleicht vor Gott bei weitem reiner als du. Daher sei Du, o Gott, mir armem Sünder gnädig und barmherzig! Denn ich fühle mich nun nicht einmal würdig, meine Augen zu Deinen Himmeln zu erheben! — Und das, Freunde, war sicher besser gedacht und eines allzeitigen Sünders würdiger, als zu denken und bei sich zu sagen: Herr! Ich bin ein Reiner und habe alle Gesetze beachtet von Kindheit an, daher ich denn nun auch mit vollem Rechte von Dir die verheißene Belohnung erwarte! —

Freunde, ich weiß aber, daß ich vor Gott ein sündiger Mensch bin. Daher bin ich auch nur demütig und erhoffe von Ihm nichts nach irgend einem Verdienste, sondern alles von Seiner alleinigen Gnade und Erbarmung.

Ich weiß auch wirklich nicht, was sich Geschöpfe vor dem allmächtigen Gott, der allein alles vermag und unserer Hilfe noch nie benötigt hat, für zu belohnende Verdienste hätten sammeln können?! Haben sie etwa Gott, dem Herrn, Himmel und Erden erschaffen geholfen — oder die Erlösung vollbringen? Oder hat etwa jemand dadurch Gott, dem allein Heiligen, etwas genützt, so er zu seinem eigenen Besten die vom Herrn gegebenen Gesetze mehr oder weniger beachtet hat? Ich meine, Gott wäre ohne uns ebenso vollkommen Gott, wie Er es nun ist, da wir doch nur bestimmt sind, in uns aufzunehmen Seine endlose Gnade, Erbarmung und Liebe, und nicht, Ihm etwa sonstige, ewig unbenötigte Dienste zu leisten.

Sehet, so habe ich allzeit gedacht, denke nun auch so und werde auch ewig also denken, vorausgesetzt, daß mir ein ewiges Dasein fortan zuteil wird! Aus diesem Grunde sehe ich denn auch nicht ein, warum ich mich nun vor dem Boten des Herrn fürchten sollte, weil ich doch keinen Grund finden kann, mich vor dem Herrn Selbst zu fürchten. Ja, ich *fürchte* wohl auch den Herrn, aber nicht wie ein Verbrecher, sondern als ein Liebender, der sich viel zu sündig und unwürdig fühlt, den Herrn mit seinem unreinen Herzen zu lieben nach all seiner Lebenskraft! Was meint ihr lieben Freunde nun, habe ich recht oder nicht?«

Spricht der Weißgekleidete: »Wir sehen es nun ganz klar ein, daß du dich von uns nimmer wirst bekehren lassen; deshalb wollen wir dir auch keine weiteren Ungelegenheiten mehr machen, und überlassen alles dem hierher Kommenden. Siehe, er ist schon da!«

Der Bote tritt sogleich überfreundlichen Angesichts zum armen Manne hin, reicht ihm freundlichst die Hand und spricht: »Erhebe dich, lieber Bruder, über deine sterblichen Reste und erstehe zum ewigen Leben in deinem Gott und Herrn, den du in Jesus Christus stets so innig geliebt hast!«

Der Arme erhebt sich nun sogleich wie vollkommen frei und erfüllt mit großer Kraft und Stärke und spricht zum Boten, der sehr einfach und schlicht aussieht: »Erhabener Gesandter des allmächtigen großen Gottes! Ein unbegreifliches Wonnegefühl durchzuckte mein ganzes Wesen, als du mir die Hand reichtest; das gilt mir auch als ein sicherster Beweis, daß du wahrhaft ein Bote vom Allerhöchsten an mich armen Sünder gesandt bist. Da du das nicht nur nach der Vorsage dieser drei Brüder, die mir eine große Angst und Furcht vor dir eintreiben wollten, sondern nach meinem nunmaligen eigenen untrüglichen Gefühl wahrhaft bist, o so sage es mir nun gütigst, was ich von dem allergerechtesten Richterstuhle Gottes zu erwarten habe!? Verdienste wohl habe ich keine, wie ich auch ewig keine haben werde; aber da ich es fühle, daß ich vor Gott ein sicher grober und großer Sünder bin, da sage es mir, ob ich auf Gnade und Erbarmung hoffen darf?«

Spricht der Bote: »Lieber Bruder, wie kannst du um solches fragen? Dein Herz ist voll von Liebe zum Herrn, — das ist ja schon der Herr Jesus, der allein Gott ist von Ewigkeit zu Ewigkeit, in dir! Wer aber Jesus im Herzen hat, wie sollte der danach fragen, ob er Gnade und Erbarmung von Ihm erhoffen darf?! Ich sage dir: Du bist nun schon selig und wirst ewig von keinem Gericht etwas an dir zu gewahren haben! — Komme nun mit mir vor deinen Gott, vor deinen liebevollsten heiligen Vater und empfange dort, was allen jenen in aller Fülle bereitet ist, die Ihn wie du in aller Wahrheit über alles lieben!«

Spricht der Arme: »O erhabener Bote Gottes! Vergib es mir, dahin kann ich dir nicht folgen! Denn solcher Gnade bin ich ewig nicht wert! Bringe mich aber so wohin, an ein ruhiges Örtchen, wo so meinesgleichen verdienstlose, allergeringste Selige wohnen mit der Hoffnung, den Herrn Jesus alle irdischen hundert Jahre einmal von ferne zu Gesichte zu bekommen, und ich werde da so selig sein wie die allerreinsten und vollkommensten Engel! Auch könnte ich es ja gar nicht aushalten, so der Herr Jesus mir zu nahe käme; denn meine zu große und mächtige Liebe zu Ihm würde mich ja ganz zerreißen, so ich zu Ihm käme! Daher tue mir das, um was ich dich aus der gegründetsten Zerknirschung meines Herzens gebeten habe.«

Spricht der Bote: »Mein teuerster Bruder, das kann nicht sein; siehe, der Herr *will* es also! Wenn ich es aber stets in der allernächsten Nähe des Herrn aushalten kann, da wirst du es schon auch können. Daher komme nur mit mir und scheue dich nicht im geringsten! Ich sage dir, wir beide werden uns vor dem Herrn schon zurechtfinden.«

Spricht der Arme: »Ja nun, in Gottes Namen, wenn du es also meinst, da will ich es freilich wagen! — Aber sage mir, warum sehen diese drei weißgekleideten Brüder uns beide nun gar so wie in ihr Innerstes ergriffen und entzückt an? Sehen die schon irgendwo den Herrn?«

Spricht der Bote: »Kann wohl sein; aber sie haben heimlich auch eine übergroße Freude über dich, wie über jeden, der mit solcher Liebe wie du hierher kommt. Siehe dort gen Morgen, wo sich ein sanftes Gebirge erhebt, über das ein herrlichstes Morgenrot leuchtet, — dort hinüber geht unser Weg, den wir gar leicht und recht bald werden zurückgelegt haben! Von jener Höhe wirst du dann sogleich das neue heilige Jerusalem, die ewige Stadt Gottes, vor dir erschauen, in der du wohnen wirst ewiglich!«

Spricht der Arme: »Ach Bruder, wie herrlich, wie rein göttlich strahlt doch dies herrliche Morgenlicht, welch herrliches Gewölk! Und nur die herrlichen Matten und Bäumchen! O du, du unbegreiflich schöne Himmelswelt! Was sind dagegen alle Herrlichkeiten der Erde? — Aber ich sehe nun ja auch große Scharen uns entgegenziehen und vernehme auch überhimmlisch herrliche Lieder! O welch eine Harmonie! Wer kann ihren unermeßlichen Wohlklang ermessen!? — Wie mächtig doch glänzen sie, die uns entgegenziehen! Wie werde ich mich in dieser meiner noch sehr irdisch aussehenden Kleidung unter ihnen ausnehmen?!

O Gott, o Gott! Es ist wahrlich kaum mehr auszuhalten! Siehe, sie kommen uns schon ganz nahe, und nun, nun —

was ist denn das? Sie fallen ja wie vor uns auf ihre Knie und Angesichter und scheinen ganz zerknirscht zu sein!? Vielleicht kommt schon etwa gar der Herr Selbst irgendwo von rückwärts her zu dieser Schar? Oh, sage mir doch, was das zu bedeuten hat!«

Spricht der Bote: »Es wird wohl so etwas sein. Wir werden es sogleich selbst sehen, was da ist. Nur noch eine kleine Geduld, in wenigen Schritten sind wir oben und werden sehen, was es da gibt.«

Spricht der Arme: »O du mein erhabenster Freund, mir wird nun ganz absonderlich zumute! Denke nur, wie es unsereinem gehen kann und wie zumute sein, — den Herrn Himmels und der Erde, den Herrn über alles Leben und über allen Tod zum erstenmal zu sehen! O Freund, ich bebe vor Furcht und vor Sehnsucht und vor freudig banger Erwartung der Dinge, die da nun uns entgegenkommen werden. Wahrlich, nur wenige Schritte mehr und die Höhe ist erreicht! Ach, ach, was werde ich alles schauen?!

O Freund, fürchtest du dich denn nicht vor Gott, wenn Er vielleicht öfter dir irgend so entgegenkommt bei ähnlichen Gelegenheiten? Ist dir denn das schon so zur Gewohnheit geworden, daß du dir daraus eben nicht viel machst, so dir solche Dinge vorkommen? Und doch merke ich es an diesen Scharen, wie auch an den drei uns nachfolgenden Brüdern, daß sie nicht minder als ich ergriffen sind. Nur du bist so ganz gleichgültig und hast eine Miene, als wenn all das, was hier vorgeht, etwas ganz Unbedeutendes wäre. O sage mir, wie denn das zu fassen ist und wie zu nehmen? Soll ich, was mir rein unmöglich wäre, mich etwa auch so wie du verhalten?«

Spricht der Bote: »Mein liebster Bruder, du wirst es bald einsehen, warum ich mich vor Gott nicht fürchte, und warum ich nicht also tue wie unsere drei Begleiter, nicht wie du und auch nicht wie diese Scharen. Es ist aber auch besser, so du dich nun so benimmst, wie ich mich benehme; denn du wirst dich bald selbst überzeugen, daß deine Furcht rein eitel ist. Denn ich sage dir, der Herr verlangt das alles nicht; aber so die Kinder vor dem Vater also ihre innigste Liebe und Demut bezeigen, so fehlen sie freilich gerade auch nicht.

Aber ich weiß es, daß du ehedem gegenüber den dreien, die dich zuerst begrüßten, ganz furchtlos und unerschrocken warst, was mir sehr gefiel, — obschon sie sehr bemüht waren, dir einige Furcht einzujagen. Wie ist es denn, daß du nun so furchtsam wirst?«

Spricht der Arme: »Ja, — da hatte ich noch keine Ahnung von solch endlosester Erhabenheit Gottes und Seiner heiligen Himmel; aber nun habe ich vor Augen, was ich mir ehedem kaum zu denken getraute. Da ist es nun aber auch ganz anders! Wie doch muß Gott aussehen, daß diese gar so sehr niederschaudern, sicher vor übergroßer heiliger Ehrfurcht vor Gott, dem Unendlichen, vor Gott, dem Allmächtigen! Wird mein noch sehr blödes und lichtungewohntes Auge Gottes Angesicht wohl zu schauen imstande sein?!«

Spricht der Bote: »Nun, nun, liebster Bruder, es wird sich alles machen. Bist du bis hierher nicht blind geworden, so wird es sich fürderhin schon auch machen. Sei nur ruhig; siehe, wir sind schon auf der Höhe nun, und dort wie am Horizont, über dem du jene Sonne Gottes erschaust, deren Licht alle Himmel und aller Menschen und Engel Herzen erleuchtet, ersiehst du auch schon die heilige Stadt Gottes, in der du, und zwar bei Mir, ewig wohnen wirst! Gehen wir nun nur recht hurtig darauf los, und wir werden bald dort sein!«

Der arme Mann macht nun große Augen und weiß sich

vor lauter Verwunderung kaum zu helfen; nur begreift er noch nicht, warum er hier noch keinen Grund erschaut, aus dem die Scharen gar so zerknirscht sich erheben und uns nun nebst den dreien nachfolgen und in einem fort die herrlichsten Psalmen zur Ehre Gottes in der allerwohlklingendsten Weise singen.

Nach einer Weile stummer, seligster Betrachtung dieser Himmelsgegend, die mit nichts Irdischem zu vergleichen ist, fragt er wieder, sagend: »O liebster Freund und Bruder! Sage mir doch, *wo* sehen denn die uns Nachfolgenden Gott den Herrn, da sie doch geradeso singen, als wäre Er mitten unter ihnen? Ich schaue links und rechts und vor- und rückwärts, aber ich kann nichts erschauen, das mich an Gott gemahnen möchte. Sind denn meine Augen noch zu blöde oder noch zu unwürdig, das allerheiligste Antlitz Gottes zu schauen? — Wahrscheinlich wird wohl für ewig letzteres der Fall sein? Im Grunde ist's mir aber auch lieber, aufrichtig gesagt; denn ich fühle, und Gott wird es am besten wissen und sehen, daß ich Sein heiligstes Angesicht nicht ertragen würde. O ich bin schon überselig, daß ich all das Himmlische nun an deiner Seite schaue, und daß Gott mich sieht. Freilich, weißt du, so einmal aber möchte ich doch Ihn sehen, Ihn, den ich so mächtigst liebe; aber freilich nur hauptsächlich, in der Wahrheit gesprochen, in der Person des Herrn Jesus Christus.

O wenn ich nur einmal den lieben, den liebsten, ja den allerliebsten Herrn Jesus sehen könnte, da wäre ich schon der allerseligste und allerglücklichste Mensch aller Himmel!«

Spricht der Bote: »Ich sage dir, sei nur ruhig; du wirst dich bald überzeugen, daß du Jesus eher sehen wirst, als du es dir denkst. Ja, Ich sage es dir, du siehst Ihn eigentlich schon, nur erkennst du Ihn noch nicht! Darum sei nur ruhig.«

Der arme Mann sieht sich nun wieder fleißig nach allen Seiten um, wo er Jesus zu sehen bekäme; aber er ersieht noch niemanden, den er für Jesus halten könnte. Er wendet sich daher wieder an den Boten und spricht: »Es ist doch merkwürdig! Du sagtest, ich sähe Ihn schon, nur erkennete ich Ihn noch nicht. Ich habe jetzt doch fleißig mit meinen Augen alle durchmustert, die uns nachfolgen; aber unter ihnen kann Er nicht sein, denn sie scheinen alle bis in ihr Innerstes zerknirscht zu sein und ergriffen von tiefster Ehrfurcht, und alle loben und preisen wie mit einem Munde Jesus, den Herrn von Ewigkeit. Die drei weißgekleideten Männer tun desgleichen, und so ist nach meinen Gedanken wohl schwer anzunehmen, daß sich der Herr Jesus Jehova unter ihnen sichtlich befände. Und doch sagtest du, daß ich Ihn sähe! Oh, ich bitte dich, sage es mir doch, wie und wo ich Ihn denn so ganz eigentlich sehe?!«

Spricht der Bote: »Siehe hin zur Gottesstadt, der wir nun schon sehr nahe sind; in der wird dir alles klar werden. Wir wandeln jetzt schon gegen die äußeren Wallmauern und werden sonach bald in der heiligen Stadt selbst sein, und es werden dir darinnen erst die Augen vollends aufgehen — und das ungefähr auf die Art wie den zwei nach Emmaus wandelnden Jüngern. Daher sei nur ruhig, denn das muß hier alles so sein und geschehen, auf daß niemandes Heil und Leben und Freiheit irgend einen Schaden erleide. — Wie gefällt dir aber diese Stadt nun, in die wir soeben einziehen?«

Spricht der Arme: »O Freund, wo nähme ich Worte her, um die endlose Pracht und Majestät dieser Stadt zu beschreiben! Welche zahllose Menge der allergrößten und herrlichsten Paläste, und alle scheinen voll bewohnt zu sein! O Gott, dieser Glanz, diese Pracht, o diese unendliche Majestät! Die Schönheit ist wohl unaussprechlich; das faßt und begreift wohl keines Menschen Sinn! Aber nur frage ich, da wir nun einmal in der Stadt sind: Wo ist nun Emmaus, und wo der Sich vor meinen Augen noch immer nicht zeigen wollende Herr Jesus?!«

Spricht der Bote: »Siehe hier das große Haus, vor dem wir nun stehen, aus dessen strahlenden Fenstern und äußeren Galerien uns zahllose Brüder und Schwestern begrüßen, das ist das wahre ewige Emmaus! In diesem wirst du von nun an wohnen ewiglich! Und — da wir nun schon vor Emmaus stehen, das du nun gar wohl siehst, so wende dich nun auch zu Mir und betrachte *Mich*, da wirst du auch *Den* erkennen, nach Dem du eine gar so große Sehnsucht und Liebe in deinem Herzen trägst!«

Der Arme sieht nun den Boten, der *Ich Selbst* es bin, recht fest an und erkennt nun augenblicklich Mich Selbst im Boten. Und er fällt sogleich jählings auf seine Knie nieder und spricht: »O Du mein Herr und mein Gott! Also Du Selbst warst der Bote?! O Du endloseste ewige Liebe! Wie, wie, wie — hast Du Selbst Dich denn so tief herabwürdigen können, mir, einem ärmsten Sünder, solch eine Gnade zu erweisen?!«

Nach diesen Worten verstummt er vor seligster Entzükkung und wird also in Meines Hauses Wohnung eingeführt.

Das weitere seligste Verhältnis dieses Mannes könnt ihr leicht von selbst denken sowie dessen ewige liebtätige Bestimmung. Daher wollen wir damit diese Szene auch beenden und zu einer anderen übergehen. Amen.

Elfte Szene
Robert Blum

Am 27.November 1848

Die letzte in dem Themenkreis »Geisterszenen« (Sterbeszenen) erfolgte Niederschrift schildert in zwei umfangreichen Bänden (Titel: »Von der Hölle bis zum Himmel«) die jenseitige Entwicklung eines hervorragenden Mannes der politischen Zeitgeschichte: des im Jahre 1848 in Wien als Revolutionär auf Befehl von Fürst Windischgrätz erschossenen Robert Blum. — Wir erleben sein geistiges Erwachen im Jenseits und sind Zeugen, wie sich diesem an sich liebereichen Menschen in seiner geistigen Phantasiewelt der Herr Selbst naht, um ihn aus seinen weltlichen Irrtümern zu lösen und den Geläuterten zum Läuterer vieler anderer Seelen zu machen, die schon im irdischen Leben seiner Wirkungssphäre nahegekommen waren.

Das in diesem Werk dargestellte äußere Geschehen vermittelt eine Fülle großer Eindrücke und Anregungen. Zeitbilder, Charakterschilderungen, tiefe Seeleneinblicke und viele geistvolle Auseinandersetzungen vermitteln ein umfassendes Bild der jenseitigen Welt, zumal der Aufbau des Werkes sich vom Bild der einsam erwachenden Seele bis zum weitgedehnten Menschheits- und Schöpfungspanorama weitet.

Zwei Bände, je ca.530 Seiten. Lorber-Verlag, Bietigheim.

Anhang

Das Wiedersehen im großen Jenseits

Am 31.Mai 1852

Bei gar sehr vielen Menschen, die sonst Kopf und Herz am rechten Flecke haben, besteht, so sie eben nicht gar so glaubensstark sind, noch gleichfort die verhängnisvolle Frage: ob es nach diesem kurzen irdischen Leben noch ein und »wie« gestaltetes Leben gibt, und ob der Mensch sich als das, was er hier war, erkennen wird? Ferner, ob ihm das hiesige (*irdische*) Bewußtsein und die volle Rückerinnerung an all seine irdischen Zustände bleiben oder ob das Bewußtsein samt der Rückerinnerung vielmehr *dem* im Traume gleichen wird, wo der träumende Mensch sich wohl als derselbe, wie und was er im wachen Erdenleben ist, erkennt und sich seiner Subjektivität, nur unter immer ganz neuen Lebensverhältnissen, klar bewußt ist, wo aber alle objektiven diesseitigen Lebensverhältnisse bis auf weniges tief im Gemüt Haftendes — wie etwa die nächsten Verwandten und sehr oft gesehene, lebhaft besprochene und als heimatlich bewohnte Orte, und selbst diese nahe allzeit unter fremden Verhältnissen und Gestaltungen — nahe alles Dasein verlieren. Und gibt es dort im großen Jenseits unter solchen etwa einem hellen Traume sehr ähnlichen geistigen Lebensverhältnissen ein sich gegenseitig wohl erkennendes Wiedersehen?

Und Ich, der Herr, sage und antworte auf diese umfassende Frage mit: Ja, so und so! Je nachdem der Mensch dies irdische Probeleben mehr oder weniger vollkommen nach Meiner allen Menschen geoffenbarten Ordnung durchlebt hat.

Wer es *hier* schon, was jedem leicht möglich ist, zur wahren und vollen Wiedergeburt seines Geistes gebracht hat und als ein Vollwiedergeborener hier also lebt, daß ihm die Geisterwelt mit all ihren Verhältnissen und auch in ihrer einfließend entsprechenden Wirkung auf die materielle Welt so wie die materielle Welt völlig klar erschaulich ist, bei dem kann die Ablegung seines ohnehin keines lebendigen Bewußtseins und irgendeiner Erinnerung fähigen Leibes unmöglich irgendeine Veränderung in seinem Denken, Wollen, Erinnern und lebendigsten subjektiven und objektiven Bewußtsein bewerkstelligen.

Denn so das Leben und alle seine Ein- und Auswirkungen schon diesseits ganz in den ewig gleichfort im höchsten und reinsten Selbstbewußtsein sich befindenden Geist übergegangen ist, der über alle Materie ewig erhaben ist und diese nur als ein auf eine bestimmte Zeit fixierter Gedanke oder als festgehaltene Idee in ein wie nach außen hin erscheinliches Sein tritt, so meine Ich, dürfte es wohl für jeden nur etwas heller Denkenden mit Händen zu greifen sein — zumal ihm dafür noch tausend Beweise aus dem Leben der Somnambulen und vieler Seher und Propheten zur Einsicht zu Gebote stehen —, daß das rein geistige Leben jenseits ein viel helleres, sich seiner selbst und aller andern subjektiven und objektiven Vorgänge, Zustände und Verhältnisse des Lebens ein um ebensoviel reiner bewußteres sein muß, als um wie viel der Geist über alle Materie — die, wie gezeigt, nichts als ein fixierter Ausdruck seiner Gedanken und Ideen ist — für ewig steht als selbst Licht, Leben, Kraft und vollstes Bewußtsein in sich.

Weil aber nicht nur ein, sondern *alle* nach Meiner Ordnung lebenden Menschen in ein gleiches allervollkommenstes Leben übergehen, so ist die Frage ob des einstigen Wiedersehens eine eitle. Denn so die Menschen in diesem unvollkommenen Puppenleben schon die Fähigkeit des sich Wiedererkennens und natürlichen Wiedersehens besitzen, die sie doch nicht abstreiten oder bezweifeln können, so werden sie diese Fähigkeit wohl um so mehr im vollkommensten, rein geistigen Leben besitzen, wo ihr ganzes Wesen der unvergängliche Ausdruck und das Grundprinzip alles Lebens und aller Verhältnisse und Vorkommnisse desselben ist! Auf dieser Welt erkennt ja auch durch den Leib hindurch die Seele durch den Geist in ihr die ihr bekannten und verwandten Menschen, kann sich andern befreundet und vollends verwandt machen und erkennt sie dann als solche der Gestalt und dem Charakter nach allzeit wieder. So aber solches die Seele und der Geist vermag durch all die tausend Kerkerwände des in sich selbst toten Leibes, um wieviel mehr wird sie solches in ihrem völlig freien Zustande vermögen, wie solches schon an sehr vielen Somnambulen nur zu oft beobachtet worden ist, die mit festverschlossenen Augen nicht nur ihre Umgebung oft bis auf den innersten Lebensgrund, sondern auch die in fernen Landen sich irgendwo befindenden Menschen, um die sie befragt wurden, mit allen ihren Zuständen und Verhältnissen geschwind und überaus wohl erkannten! Und doch ist die Seele einer noch so hellen Somnambule noch bei weitem nicht in dem freien Zustande, wie eine sogar noch mehr unvollkommene Seele nach dem Abfalle ihres Leibes!

Daß unvollkommene Seelen sich nach ihrem Freiwerden vom Leibe nur zu bald mehr und mehr verfinstern, das liegt in ihrem bösen Willen. Solche Seelen sehen dann freilich von der Welt nichts mehr, was sehr notwendig ist, da sie in einem sehenden Zustande der Welt und namentlich denen, die sie zu ihren Feinden rechneten, einen zu bedeutenden Schaden zufügen würden. Solche Seelen und respektive Geister sehen dann nur das, was sich aus ihrer Phantasie gleich einer niedersten Traumwelt entwickelt. In solcher Phantasiewelt verharren solche Seelen dann oft Hunderte von Jahren, sehen die stets neu ankommenden Seelen, wenn sie auch auf der Erde ihre nächsten Verwandten waren und diese sie sogleich ersehen, nicht. Sie sehen nur ihre lang andauernde Phantasiewelt und sind daher nur den Engeln durch pure Entsprechungen, die die Engel in die Phantasiewelt solcher blinden Seelen hineinzuschieben imstande sind, zur Belehrung zugänglich.

Wenn sie Belehrung und dadurch eine Besserung ihres Willens annehmen, so verschwindet nach und nach ihre Phantasiewelt, und sie kommen dann stets mehr und mehr zum wahren Licht und zur Anschauung all des Daseienden und somit zum Wiedersehen ihrer Verwandten und Freunde. Sie erkennen sie dann als solche auch gar bald wieder und haben eine rechte Freude an ihnen.

Bessern sie sich aber nicht, so bleiben sie in ihrer stets ärger werdenden Traumwelt lange Zeiten der Zeiten. Und da ist dann vom erfreulichen Wiedersehen und Wiedererkennen keine Rede. Sowenig irgend ein materieller Mensch in einem sehr materievollen Traume sich irgend seiner Außenverhältnisse und Lebenszustände erinnern kann, sondern nur das schaut, was ihm seine Phantasie als plastisch vorgaukelt, ebensowenig und eigentlich noch bei weitem weniger kann eine finstere Seele sich jenseits irgend an etwas erinnern oder etwas erkennen in ihrem Traumkreise, in dem sie sich nie tätig, sondern allzeit nur leidend befindet und sich daher aus sich selbst auch eine nahe ewig andauernde Zeit, nach dem Maße dieser Erde genommen, nimmer frei machen kann!

Wer hier nicht wenigstens zur Hälfte im Geiste wiedergeboren wird, kommt jenseits mehr oder weniger in den oben bezeichneten Zustand und kann sich selbst darin ebensowenig helfen wie der Embryo im Mutterleibe, dessen Regen und Bewegen von dem notwendigen äußeren Zustande der Mutter abhängt. Aber es waltet dennoch eine ganz eigene Bewandtnis bei solchen Seelen ob, was da mit dem Zustande des Embryo im Mutterleibe etwas Unterschiedliches hat. Und das besteht, um für den Verstand der Menschen vernehmlich zu reden, darin, daß der Embryo im Mutterleibe als sich neubildende Kreatur durchaus leidend ist, während die finstere Seele ganz aus sich tätig und leidend zugleich ist und, weil sie nicht will, nicht untätig werden kann, auf daß sie dadurch möchte unleidend werden.

Wie kommt aber das?

So ein Mensch auf dieser Welt entweder nur sehr wenig oder zumeist wohl auch gar nichts zur Belebung und Bildung dessen, was seine Seele in ihrem Herzen verborgen trägt, getan hat, sondern alles nur auf den äußeren Verstand verwendete und diesen dann dazu benutzte, wohlberechnete Wege einzuschlagen, um auf diesen sich weltliche Schätze — welcher Art und welchen Namens sie auch immer sein mögen — zu verschaffen, um sich durch sie die möglichst feinsten und in jeder Hinsicht wohlschmeckendsten Genüsse und Lustreize zu bereiten, so ist, wenn dann solch eines Menschen Seele jenseits ankommt, ihre göttliche Lichtkammer dicht verrammt und verschlossen. Das irdische Verstandeslicht aber, das eigentlich bloß eine Kombination der äußeren, materiellen Lichtbilder ist, die an den vielen Millionen Flächen der Gehirntäfelchen für die Seele ersichtlich sind, und aus denen die Seele allzeit, nach Art der dummen Astrologen, ihre Berechnungen macht und dann wie von der Macht des dicksten Aberglaubens sich danach zu handeln genötigt fühlt, bleibt ohnehin so wie die Bildergalerie eines Bilderliebhabers, wenn er stirbt, in der Welt zurück. Die Folge ist, daß solch eine Seele dann notwendig total finster in der Geisterwelt anlangen muß und nichts behält als das Bewußtsein oder den Ausdruck des Lebens und nur insoweit die Erinnerung an ihre irdischen Zustände und Verhältnisse, inwieweit solche in der (*dem leiblichen Gehirn*) entsprechenden Gehirnkammer der Seele in entsprechenden Typen aufgezeichnet sind, welche die immerhin höchst sensible Seele fühlt und ihrer gewahr wird, wenn sie dieselben zufolge ihrer Finsternis auch nicht klar beschauen kann.

Daß ein solcher Zustand einer an alle Lustreize des Lebens gewöhnten Seele nur zu bald unerträglich wird, läßt sich hoffentlich leicht begreifen und sogar lebendig fühlen. Solch eine Seele gerät dann bald in eine große Furcht, Angst und am Ende in einen großen Ärger und Zorn, wodurch sich in ihr dann eine Art Glutschimmer entwickelt.

Denn wo immer jemand schon in der gerichteten Materiewelt irgendeine starke Tätigkeit ersieht — wie etwa einen heftigen Sturm, eine starke Meeresbrandung, eine starke Reibung zweier Gegenstände gleicher oder ungleicher Art, einen mächtigen Druck zweier harter Körper aufeinander und derartiges mehr, — da wird er dabei, besonders zur Nachtzeit, auch eine Feuer- und Licht- oder wenigstens eine Schimmerentwicklung bemerken, welche von den Naturgelehrten mit dem allgemeinen, aber eben nicht immer tauglichen Namen Elektrizität bezeichnet wird, — im Grunde aber und ganz eigentlich der vollen Wahrheit gemäß nichts als eine Erregtheit der in aller Materie mehr oder weniger hart gefangenen Naturgeister ist, die stets desto eher und leichter erregt werden können, je härter sie gefangen sind. Sind sie aber leichter gehalten, wie etwa in der Luft, im Wasser, im Lehm und in allerart anderen flüssigen und weichen Körpern, so gehört auch im Verhältnis eine heftigere

Bewegung (*Tätigkeit, s.o.*) dazu, damit die ihr nicht so schnell ausweichen könnenden Naturgeister erregt und durch ihre höchst schnell vibrierende Bewegung innerhalb ihrer sie gefangen haltenden leichten und höchst durchsichtigen Hülse als ein Licht oder als ein Glühen ersichtlich werden.

Daß diese Erregung der Naturgeister aber in der Vibration besteht, kann ein jeder Mensch von nur einigem Beobachtungsgeiste beseelt leicht aus tausendfachen Erscheinungen in der Naturwelt ersehen und erkennen. Wenn irgend ein Mensch oder sogar auch ein Tier durch was immer in seinem Gemüt sehr erregt wird, so wird an ihm ein Beben bemerkt, welches von nichts anderem als lediglich von der Erregtheit der im Fleisch und Blut gefangenen Naturgeister herrührt. Eine Saite auf einem Toninstrument vibriert, wenn sie einen Stoß oder Schlag bekommt, weil die in der Materie der Saite gefangenen Geister durch den Schlag oder Stoß erregt werden. Die Flamme jeden Lichtes, die nichts als ein Akt der Freiwerdung der in der Materie gefangenen Naturgeister ist, besteht in stets sichtbarer Vibration, die durch die Tätigkeit der frei werdenden Naturgeister entsteht. Und dergleichen Erscheinungen gibt es noch Tausende und abermals Tausende, an denen derselbe Akt beobachtet werden kann. — — —

Es ist gesagt worden, daß die Seele durch den Verlust ihres Weltlichtes und aller aus demselben hervorgehenden Lustbarkeiten zuerst in eine große Furcht und Angst und am Ende in einen großen Ärger und Zorn gerät, wodurch in ihr eine Art Glutschimmer erzeugt wird. Dieser Glutschimmer entsteht im Wesen der Seele entsprechend auf die ganz gleiche Weise wie in der Naturwelt.

Die *Furcht* ist die erste Erregung der in jeder einzelnen Seele vorhandenen endlos vielen seelisch-geistigen Spezifikalpotenzen. Wenn alle Potenzen in ein immer heftigeres Beben (*Vibration*) geraten, so wird der ihnen gegebene Formraum bald zu eng. Da aber die äußere Form, innerhalb der alle die zahllosen Potenzen zu einem Leben vereinigt sind, bald zu eng wird — weil sie nicht so leicht erweitert werden kann und darf —, so ist die Folge davon dann notwendig ein immer heftigeres Drängen und Drücken nach allen Seiten hin, wodurch in dem konkreten Gesamt- oder besser gesagt *Ein*-Leben das Gefühl der *Angst* zum Vorschein kommt.

Wenn das Drängen und Drücken stets heftiger werdend andauert, so entsteht daraus eine geistige Gärung, die man *Ärger* nennt. Wie aber schon in der Natur das Resultat einer stets heftiger werdenden Gärung eine volle Entzündung ist, ebenso ist das Endresultat der großen Gärung der seelischen Spezifikalpotenzen eine volle Entzündung, und diese heißt *Zorn*. Und von solchem Zorn rührt dann auch die Erscheinlichkeit des Glutschimmers her, der, so er heftiger und heftiger wird, endlich in einen vollen Brand übergeht, der als böseste Erscheinung des Lebens *Wut* und im eigentlichsten Sinne *Hölle* heißt und ist.

Wenn nun eine abgeschiedene Seele sogestaltig in den besprochenen Glutschimmer gerät, so fängt sie dadurch an, die in ihrem Gehirne vorhandenen geistigen Stigmata (*Eindrücke*) sehr matt zu erschauen und erkennt bald viel eitel Böses und wenig Gutes in ihrem Wesen. Sie sieht in solchem Zwielicht auch nicht selten die Mücke für einen Elefanten und umgekehrt den Elefanten für eine Mücke an. Aus solchen Anschauungen entwickeln sich dann in der Seele allerlei ganz luftige und durchsichtige, man könnte sagen formlose Formen gleich den Luftschlössern eines verliebten Jünglings auf der Welt, die bei einer sehr heftigen Phantasie nicht selten auf Augenblicke in eine förmlich ersichtliche Erscheinlichkeit treten, aber bei der geringsten Gemütsstörung in ein Nichts verschwimmen.

Weil aber die Seele auf die gezeigte Weise nichts zu einer bleibenden Realität bringen kann und durch die momentan (*flüchtig*) auftauchenden, mehr Zerr- als wohlgeordneten Bilder nur stets mehr gereizt und erregt wird, wodurch am Ende sogar das Innerste »Herzensstöße« zu bekommen anfängt, so kommt dadurch dieses *Innerste* dann auch in eine, aber ganz entgegengesetzte Tätigkeit.

Durch diese Tätigkeit (*ihres Urgeistes aus Gott*) wird die wilde Tätigkeit der Seele beruhigt, so daß am Ende die Seele in sich selbst in einen förmlichen Schlaf gerät, also ruht, und in dieser Ruhe als mehr vereinigt mit ihrem Urgeiste aus Mir in einen förmlichen Traum kommt und, weil sie sich in solchem Zustande ganz behaglich fühlt, darin auch verbleibt, — ein Zustand, den die alten Seelen- und Lebensforscher den *Seelenschlaf* nannten.

Der im Herzen der Seele nun gegen die Gelüste der Seele tätige Urgeist schafft nun für die Seele stets mehr und mehr solche Bilder, die einesteils stets das enthalten, was der Seele selbstliebigem und herrsch- und genußsüchtigem Sinne zusagt. Aber sowie sie solches in ihrem Traume, den sie natürlich für Wirklichkeit hält, vollgierig ergreifen will, so wird es entweder zunichte oder es weicht zurück und flieht von dannen. Andernteils aber wird der Seele auch solches produziert, was ihr frommt, und so sie es ergreift und zu ihrem wahren Besten verwendet, so bleibt es, und es fängt also aus dem Traume eine feste und bleibende Welt (*für die Seele*) sich zu entwickeln an.

Je mehr die Seele das ergreift, was ihr von ihrem Urgeiste geboten wird, desto mehr einigt sie sich mit ihm und geht so unvermerkt in ihren Urgeist ein und mit demselben zum *Urlichte* und aller Wahrheit aus ihm. Und sie erkennt da bald sich vollends wieder und alle ihre Bekannten und Verwandten und wird gewöhnlich durch sie dann zu *Mir Selbst* hingeleitet, wo ihr dann auch nach dem Maße ihrer Vollendung und Einswerdung mit ihrem Geiste stets mehr Licht und Weisheit gegeben wird und das volle Vermögen, in die Naturwelten schauen und ersprießlich tätig werden zu können. Daß in diesem Falle ein vielseitiges Wiedersehen eine ganz natürliche Folge ihrer geistigen Vollendung ist, bedarf wohl keines weiteren Beweises mehr.

Aber was geschieht denn hernach mit jenen Seelen, denen in ihrem jenseitigen Traumleben die vorgespiegelten Bilder und Erscheinlichkeiten, nach denen ihr selbst- und genußsüchtiger Sinn giert, durch die guten Erscheinlichkeiten *nicht* aus dem Begehrsinne getrieben werden können? Was geschieht, frage Ich, mit solch einer Seele, die darum stets mehr in Wut gerät, weil sie die Gegenstände ihrer Lust, die ihr vorgezaubert werden, nicht erreichen und festhalten kann? Gibt es in diesem Falle auch ein Wiedersehen? Nein, sage Ich, da gibt es kein Wiedersehen!

Solch einer Seele wird dann ihr eigener Geist zum unerbittlichsten Richter. Er läßt sie am Ende die vorgespiegelten Dinge und Objekte erreichen und sich nach ihrem argen Sinn an ihnen erlustigen; aber solche Erlustigung bereitet der Seele allzeit den größten und brennendsten Schmerz und macht sie auf eine lange Zeit wieder ganz finster.

Der Geist läßt dann zu, daß eine also finster gewordene Seele in ihrer größten Wut, die sie durchglüht und ihr also ein böses Licht gibt, um ihresgleichen außer sich wahrzunehmen, nun wirklich mit Seelen *ihrer Art* zusammenkommt.

Da geschehen dann sogleich Verbindungen und Zusammenrottungen von solchen, die sich ihre Wut gegenseitig mitzuteilen beginnen. Sie verschanzen sich gegen die Feinde, mit denen sie in ihrem Traumleben, das solche Seelen aber für Wirklichkeit halten, in eine für sie widrigste Berührung kommen und fassen die racheglühendsten Beschlüsse, sich eher selbst nach aller Möglichkeit zu töten, als sich irgendeine noch so geringe göttliche Anordnung mehr gefallen zu lassen.

In einer solchen Verschanzung, zu der sie das Material aus ihrer Einbildung nehmen — insoweit sie irgendeiner Einbildung in ihrem Wutglühlichte fähig sind —, verharren sie oft sehr geraume Zeiten und werden darob nur von neuem ärgerlicher, zorniger und wütender, durchbrechen dann selbst ihre Verschanzung und gehen hordenweise den Feind suchen, weil keiner in ihre Verschanzung eindringen wollte, daß sie an ihm ihre Rache hätten kühlen können. Aber ihr Suchen ist ein vergebliches. Sie kommen nur mit anderen ihresgleichen den Feind suchenden Horden zusammen und machen mit ihnen bald gemeinsame Sache, suchen dann so gemeinsam mit aller Hast den Feind, finden aber natürlich nie einen.

Wenn solch elender Seelen einmal mehrere Tausend beisammen sind — deren Haufen sich in der Geisterwelt für das Auge der reinen Geister ungefähr also ausnimmt, wie auf dieser Erde allenfalls das Glühen der Luft durch ein in der Tiefe irgendwo brennendes Haus —, so erwählen sie den Glühendsten unter ihnen, den sie für den Mutigsten und Weisesten halten, als Anführer, der sie dann über einen Boden führt, der gewöhnlich auch der Einbildung solcher Seelen entspricht — entweder in der Form einer finsteren Sandsteppe oder einer unabsehbaren Ebene, auf der nichts als trockenes Moos zum Vorschein kommt. Auf solchen Böden finden sie nach langem Umherziehen und unter großem Hunger und Durst auch gewöhnlich nichts als etwa wieder eine ähnlich herumziehende Horde unter einem stark glühenden Anführer. Und da geschieht es entweder, daß sie einander anfallen aus schon zu großer Rachewut, sich zerreißen und verstümmeln, oder sie vereinigen sich unter zwei Anführern, was aber schon gleichfort zu Reibungen Anlaß gibt, weil da ein jeder der beiden Anführer der Erste sein will, was in kurzer Weile dennoch einen Krieg der beiden Horden zuwege bringt.

Wenn sich bei solchen Kriegen solche höchst unglückselige Seelen nahezu ganz zu kleinen Stücken zerrissen haben — natürlich alles nur scheinbar —, so kommen sie wieder zu einer gewissen Ruhe und ihr Geist zeigt ihnen dann wieder wie in einem helleren Traume, wie nichtig, fruchtlos und eitel ihr töricht-blindestes Bemühen war, und zeigt ihnen den besseren Weg zur Umkehr.

Manchmal nehmen einige solche Weisung an und bekehren sich. Aber zumeist werden sie nach einem solchen Gesicht erst ganz toll und treten in ihren geistlosen puren Seelenzustand zurück, der dann bei weitem schlechter wird, als da war der erste. Und solche Zustände sind dann schon *Hölle*, aus der ein Ausweg schwer zu finden ist! Wer da nicht geht den schmalen Pfad durch sein eigenes Herz, der kommt nimmer zurecht und kann Trillionen und Dezillionen von Erdjahreszeitlängen in solcher Hölle verharren.—

Es ist nun also gezeigt worden, wie das Seelenleben jenseits in zwei einander schroffst entgegengesetzten Hauptzügen und Beschaffenheiten zuständlich geartet ist: entweder nach oben oder nach unten. Aber es soll mit dem allem dennoch nicht jede Erscheinlichkeit in der Geisterwelt dargestellt sein, sondern wie gesagt nur die beiden allgemeinen Hauptzüge, also das schroffste Pro und Kontra.

In der Mitte dieser zwei Hauptzustände gibt es noch eine

zahllose Menge von Erscheinlichkeiten, die hier nicht dargestellt zu sein brauchen, da sie in den Werken: »Die geistige Sonne«, »Erde und Mond« und in den »Szenen der Geisterwelt«[1] zur Übergenüge gezeigt worden sind, so wie teilweise in den mannigfachen anderen Mitteilungen und Naturzeugnissen. Aber alle die darin geschilderten wie immer gearteten Erscheinlichkeiten fußen auf der nun gezeigten Hauptnorm, und die Grundwege entweder nach oben oder nach unten sind in sich die gleichen.

Das eigentliche wahre Wiedersehen kommt erst im Gottesreich, das ist im *Himmel* vor, welcher die ganze Unendlichkeit dem Raume nach erfüllt und sonach allenthalben gegenwärtig ist, in den aber jeder Mensch nur durch sein Herz gelangen kann. —

Da es aber doch viele in der Welt nun gibt, die so materiell sind, daß sie von den geistigen Verhältnissen der Dinge keine Spur und keine Ahnung haben, hier aber von den »Naturgeistern« lesen und nicht verstehen, was diese sind und worin sie bestehen, so soll dahin hier noch eine ganz kurze Nacherläuterung folgen.

Die ganze materielle wie auch die rein geistige Schöpfung ist nichts als eine durch der Gottheit allmächtigen Willen festgehaltene Idee aus dem Herzen oder Leben der Gottheit Selbst und — weil aus Gott — im Grunde des Grundes *geistig*. Würde nun alle die sogenannte materielle Schöpfung, was Gott gar leicht möglich wäre, der gleichfort andauernden Festhaltung ledig, so würde sie wieder als ein nur der Gottheit sichtbarer großer Gedanke ganz geistig im Gemüte Gottes Platz fassen und mit der Realisierung der freien Selbständigkeit von zahllosen Wesen wäre es zu Ende!

1 Herausgegeben vom Lorber-Verlag,   Bietigheim.

Aber Gott will es ewig gleichfort, daß Seine großen Gedanken und Ideen ewigfort zur freiesten Selbständigkeit sollen realisiert werden. Und so hatte Gott darum für die einzig dadurch mögliche Realisierung, daß all die göttlichen Gedanken und Ideen als unwandelbar gefestet dastehen müssen Seiner Pläne und Zwecke willen, diesen allein wirksamen Weg eingeschlagen:

Die zahllosen Gedanken und Ideen müssen gewisserart nur in allerartig kleinsten geistigen Teilchen sukzessive freier und freier gemacht werden, aber dabei dennoch lange von irgend einer Hauptidee Gottes, die da erscheinlich als ein Weltkörper im endlosen Gedanken- und Ideenraume als gefestet schwebt, angezogen und gehalten werden, bis sie nach und nach ihrer Gleichartigkeit nach sich mehr und mehr zusammenfinden und so in eine immer größere Wesenheit bis zum Menschen hin übergehen.

Solche von der totalen Hauptidee (*dem Weltkörper*) freier und freier gelassenen Teilchen sowie die noch nicht frei gelassenen, sondern in der Hauptidee noch festgehaltenen Teile heißen bis zum Menschen hinan »Naturgeister«. Diese freieren Naturgeister — oder Naturkräfte, wie es die Weltgelehrten nennen — befinden sich als schon selbsttätig entweder in der Luft, im Wasser oder im weicheren Erdreiche und locken da die noch hart gefangenen Geister in die Freiheit heraus, vereinigen sich mit ihnen und bilden dadurch, daß sie sich mit den noch unfreieren Geistern umhüllen, allerlei Lebensformen: zuerst Pflanzen, aus diesen Tierchen und Tiere größerer und größter Art — bis zum Menschen hin, wo sie als *Seele* und auch — dem unfreieren, noch groben Teile nach — als dessen Leib dann erst durch Gottes Urwesen Selbst, nun schon zur Genüge zur vollfreien Selbständigkeit reif, wieder ergriffen und förmlich — aber anfangs noch immer wie von außen her — für den folgenden reingeistigen, ewig dauernden Zustand durchgeschult und geübt werden.

Die dann ein solches Durchschulen sich gefallen lassen und also freiwillig in die Ordnung eingehen, in der ihr ewig selbständiger, freiester Lebenszustand allein möglich ist, — diese kommen dann auch zum großen Wiedersehen *Dessen*, aus dem sie hervorgegangen sind. Sie werden sehen, wie und woher und durch Wessen Macht und Weisheit und unwandelbare Beharrlichkeit sie vom eigentlichen Nichtsein ins vollste, freieste und selbständige Sein und Erkennen gekommen sind.

Zugleich aber, weil mit ihrem Urgrunde ein und dieselbe Wesenheit, werden sie auch selbst auf die gleiche Weise zu ihrer großen Beseligung aus ihrer nun höchsteigenen, aber der göttlichen völlig gleichen Weisheit neue Schöpfungen ins Werk setzen und sonach ganz in Meiner Ordnung *Schöpfer* ihrer höchsteigenen Himmel sein, wodurch sie dann zum realisierten Wiedersehen aller ihrer Gedanken und Ideen gelangen werden.

Und das alles wird dann ein großes, ewig dauerndes realisiertes Wiedersehen sein in der endlosen Fülle alles dessen, was ein göttlicher Geist ewig unerschöpflich in sich birgt. Und das ist dann erst das *vollkommene*, große Wiedersehen!

Ich meine nun, wer da Augen hat zum Sehen und Ohren zum Hören, der wird daraus zu seinem ewigen Vorteil unbeschreibbar vieles schöpfen können zur vollen Erkenntnis des geistigen Lebens.

Wer es aber nur lesen wird aus einer Art Neugierde und wird daran legen die Feile seines Weltverstandes, dem wird es einst gerade also ergehen, wie es in dieser Beschreibung zu lesen ist. Denn Mein Erbarmen kann und darf sich nicht und nie über die Schranken Meiner nun aus dem Fundamente gezeigten unwandelbaren Ordnung erstrecken. Denn diese Ordnung ist an und für sich schon Meine ewige Erbarmung.

Wer aber über die Schranken dieser Ordnung tritt, der wird nur sich selbst einen überaus langen, unglückseligsten Zustand jenseits zuzuschreiben haben. Denn es muß ein jeder sich selbst gestalten, so er sein will das, was er sein soll. Will jemand sich diese Mühe nicht nehmen, so muß er dann auch so lange im ewig notwendigen Gerichte verharren, bis er sich selbst zu umstalten anfangen wird, was die Seele einen harten Kampf kosten würde!

Hüte sich daher ein jeder von euch vor (*eigensüchtigem Trachten nach*) irdischen Gütern, Reichtum, Glanz und Ansehen, sei aber nach seinen Kräften reichlich mildtätig gegen seine ärmeren Brüder und Schwestern, so wird ihm der Kampf mit der Finsternis ein leichter sein. Amen.

Das sagt der Herr allen Lebens zu euch allen. Amen. Amen. Amen.

Ein Jenseitiger

Ein Jenseitiger, der zu seiner Lebenszeit Lorber gekannt hatte, durfte sich direkt an Jakob Lorber wenden und ihm von seinem Hinübergehen in die jenseitige Welt und seinem ersten Aufenthalt in der Sphäre der Geistigen Erde, die unsere naturmäßige Erde umgibt, erstmals am 18.Februar 1861 berichten:

B: »Gott zum Gruße, lieber Freund! — Ich habe in meiner noch immer etwas leidigen Abgeschiedenheit an dich und an alle andern Freunde wohl gedacht und mir auch oft jene Stunden in Erinnerung gerufen, in denen wir uns über geistige Dinge gar tröstlich besprochen haben. Aber des Herrn allmächtiger Wille hat mich von der Welt abberufen — und ich bin hier angelangt unter wahrlich nicht sehr erfreulichen Umständen, an denen freilich nur ich selbst schuldete. Ich wollte alles in meinem Erdenleben Zerrüttete wieder in ein möglichst gutes Gleichgewicht bringen und gab mir deshalb auch viele — aber vergebliche Mühe, und ich konnte mir deshalb — um nach irdischer Weise zu reden — gar keine Zeit nehmen, jemandem von euch zu erscheinen, obschon ich wußte, daß ich dir oder auch jemand anderm hätte erscheinen können, so ich es gewollt hätte. —

Aber nun bin ich freier, dem Herrn alles Lob, und so habe ich endlich in mir selbst inne zu werden angefangen, daß hier alle meine nach irdischer Norm geartete Mühe und Arbeit nichts anderes als eine wahre Mühe und Arbeit in einem Traume war, und ich ließ davon ab. Denn sieh, für mich war das Sterben des Leibes nichts anderes als ein ganz süßes Einschlafen eines arbeitsmüden Tagewerkers,

117

und ich befand mich wie in einem hellen Traum sogleich in einer ganz anmutigen Gegend und kam auch gleich mit mehreren guten alten Freunden, zumeist Triestinern, zusammen, die mir recht freundlich und artig entgegenkamen und sich mit mir — aber zumeist nur über ganz gleichgültige Dinge — besprachen. — Ich ahnte nicht, daß dies ein Traum sei, was ich in meinen Erdenlebenszeiten oft in einem Traume wie ahnend wahrnahm.

Nur einer dieser meiner Triestiner Freunde, von dem ich gleich wußte, daß er an ein und demselben Tage mit meiner Gattin an der Cholera verstorben war und mit dem ich oft in seiner schön gelegenen Campagna bei einem Gläschen Triestiner viel über geistige Dinge mich besprach, fiel mir auf, und ich fragte ihn, wie denn er hierhergekommen sei. ‚Denn‘, sagte ich, ‚Freund, ich weiß es ja nur zu bestimmt, daß du mit meiner D. an einem Tage an der bösen Epidemie verstorben und auch unter meinen weinenden Augen beerdigt worden bist, — und du lebst nun so, wie ich lebe — und hoffentlich nicht träume?!‘

Da sah mich der alte gute Freund gar sehr ernst, aber doch freundlich an und sagte: ‚Freund! — seien wir von Herzen froh, daß wir's überstanden und die Welt mit allen ihren Übeln hinter uns haben, denn sieh, auch du hast das leidige Irdisch-Zeitliche für alle Ewigkeiten gesegnet, und deine morsch gewordene Hülle wird morgen der Erde übergeben, wofür wahrlich nicht schade ist!‘ — Als ich dies vernahm, da wurde es mir denn doch ein wenig bange zumute und ich sagte: ‚Nun, in Gottes Namen denn, wenn es im Ernste also sein soll! Aber meine Kinder, und meine Sachen — ich habe ja lange noch nicht alles in bester Art geordnet?!‘ — Sagte der Freund: ‚Ei, kümmere dich darum nicht, das werden schon die tun, die noch auf eine kurze Zeit zurückgeblieben sind!‘

Damit war ich auch bald einverstanden, und ich befand mich wie durch einen Zauber geführt auf einmal so natürlich in der Campagna meines Freundes und besah mir ganz entzückt das Meer mit seinen Wundern, daß ich sagte: ‚Freund, aber das ist ja doch alles ganz handgreifliche Natur, und wir sollen nur pure Geister sein?!‘ — Da sagte er zu mir: ‚Freund! — als wir noch unser schlechtes Fleisch bewohnt haben, da sahen wir ja auch nur als lebendige Seelen die handgreifliche Natur, und nicht unser toter Leib! Wenn so damals, wo uns des Leibes Bürde und finstere Dichte ein großes Hindernis war, warum denn jetzt in unserem freieren Lebenszustande nicht?‘ —

Ich war damit ganz einverstanden und fing an zu fühlen, daß ich des Leibes bar geworden bin; aber doch nicht, wie und auf welche Art. — Aber ich fing da an, mich zu kümmern, wo ich meine Gattin fände, und ob ich meine verlassene Buchhandlung wieder aufrichten könnte, — und das hatte mir viel Kummer und Sorge gemacht. — Aber Gott alles Lob! nun ist auch das hinter mir, und ich habe angefangen, mich nun ausschließlich mit höheren Dingen zu befassen, — und ich werde dich nun zu öfteren Malen besuchen und dir noch so manches aus meinen jetzigen Erlebnissen und Erfahrungen für die Gläubigen auf eurer Welt zum Nutzen mitteilen. — Lebe nun wohl in Gott dem Herrn.« — — —

(Am 25. Februar 1861) B: »Guten Morgen, guten Morgen — lieber Freund! Meine herzlichsten Grüße auch an alle die andern guten Freunde! Ich habe hier nicht nötig zu fragen, wie sie sich befinden; denn das weiß man hier ganz gut, wie es dem einen oder andern lieben Freunde noch auf der stereotypen Erde geht, da wir alles dessen aus eines jeden seelischer Außenlebenssphäre genauest innewerden

können, wenn wir das wollen. Aber ich habe dennoch stets eine große Freude, so ich hier auf der geistigen und somit bessern Erde inne werde, daß ein jeder — bis auf weniges — im Lichte des Herrn aus den Himmeln fortschreitet; denn die der Herr liebhat, die sucht Er ja stets mit allerlei Kreuzlein heim. Diese Kreuzlein sind wahre Beförderungsmittel zur Einung des Geistes des Herrn mit der für sich immer leidigen Seele, die für sich ohne eine Stütze ein sehr armseliges Wesen ist, aus welchem Grunde sich auch die meisten Seelen auf ihr morsches und hinfälliges Fleisch stützen und mit diesem sich auch alle Leiden gefallen lassen müssen, weil sie die festeste und ewige Stütze des Geistes aus Gott nicht ahnen, geschweige irgend erkennen! — Und eben darum sind die gewissen Ordenskreuzlein aus der Hand des Herrn gar so gut und nützlich fürs wahre und ewige Wohl der Seele, weil sie dadurch genötigt wird, sich vom fleischlichen Stützpunkte abzuwenden und sich im Glauben an den des Geistes zu wenden. —

Hat eine Seele einmal nur als anfänglich diesen günstigen Umschwung gemacht, so wird sie vom Herrn aus so lange mit allerlei Kreuzlein versehen, als sie sich nicht völlig mit dem Geiste zu einen angefangen hat. Ist das aber einmal da und auch nicht mehr zu befürchten, daß eine Seele wieder zum Fleische behaglich zurückkehren könnte oder möchte, nun, so hören dann auch alle die Kreuzlein auf und der ganze Mensch kann dann schon auf der Welt in eine wahre Glückseligkeit übergehen. —

Ich selbst habe im Erdenleben das wohl auch bei weitem nicht so eingesehen, wie ich's jetzt in diesem reinen und völlig schmerzlosen und eigentlich wahren Leben einsehe. Und das war auch der Grund, daß ich gleichfort in einem Wanken zwischen dem morschen und vergänglichen Stützpunkte des Seelenlebens und jenem ewig dauernden, wahren und kräftigsten des Geistes mich befand und dabei aber auch in einem fort bald dies und bald jenes stets leidend zum Erdulden bekam, — aber es war das dennoch gar liebevoll vom Herrn also angeordnet, und ich fühle erst jetzt mehr und mehr die große Wohltat aller der von mir ausgestandenen, oft recht bitter schmeckenden Prüfungen. Denn wo und was wäre ich nun hier ohne sie?! —

Ach, lieber Freund, wenn man hier wie ich nun die Gelegenheit hat, das Elend und die große Not der gewissen Weltmenschen-Seelen zu sehen und zu erkennen, so kann man dem Herrn ewig nie irgend zur Genüge dankbar sein, daß Er einem stets solche Hüter und Wächter gesandt hat, durch die man verhindert wurde, ein ganz vollendeter Weltmensch zu werden. — Ertragt daher alles aus Liebe zum Herrn in aller Ihm dankbaren Geduld, — denn das wahre Lebenskalifornien werdet ihr für ewig nur hier finden. Denn jeder treue Arbeiter im großen Lebensweinberge des Herrn wird hier seinen glänzendsten Lohn für ewig finden!

Das aber ist ja aus dem Munde des Herrn Selbst bekannt, daß Seine Bekenner auf der Erde in Ihm, d.i. in Seinem Geiste gewisserart mit Ihm gekreuzigt werden, um also auch mit und in Ihm zum ewigen Leben aufzuerstehen.

Sehr lieber Freund, ich weiß es wohl, daß dir das nicht unbekannt ist, aber ich sage dir und auch den andern lieben Freunden das nur darum, weil das Wort eines Selbsterfahrenen denn doch ein größeres und wirksameres Gewicht hat als das eines Propheten, der doch noch ein Einwohner des Fleisches ist. —

Du möchtest wohl von mir so manche geistigen Seins- und Bestandsverhältnisse erfahren, und ich teile es dir auch wahrlich gerne mit, soweit es mir in meinem gegenwärtigen Zustande nur immer möglich ist. — Sieh, ich befinde mich noch immer auf dieser Erde und zwar zumeist in den Küstengegenden um Triest, bin aber auch zu öfteren Malen hier in Graz, und ich sehe diese Erde auch um vieles besser, als sie je ein Mensch, der noch im Fleische wandelt, zu sehen imstande ist. Und ich sehe auch die Menschen, die hier noch leben und kann für mich auch ganz gut mit ihnen verkehren. Denn meine Worte werden in ihnen wie unvermutete und plötzlich entstandene Gedanken; und ihre eigenen darüber entstandenen Gedanken geben mir plastisch die Antwort. Aber doch ist die Erde, die ich gar klar schaue, nicht die eigentliche materielle Erde selbst, sondern nur gewisserart die geistige, ohne die die materielle gar nicht bestehen könnte, weil alles Materielle an und für sich nichts als nur ein gerichtetes oder fixiertes Geistiges ist.

Aber es ist das doch etwas Sonderbares, daß bei uns die ‚geistige Erde' gewisserart aus der Seele durch die allbelebende und allschaffende Macht ihres Geistes aus Gott hervorgeht, so wie ein völlig ausgewachsener Baum aus dem Keimhülschengeiste im unansehnlichen Samenkorn hervorgegangen ist, nur geschieht das fertiger als die Entwicklung des Baumes aus dem Samenkorn. Nun würdest du freilich denken und sagen: Ja, wenn also, da gibt es dann im Geisterreiche ebensoviele geistige Erden, wie es Geister gibt. Aber das ist eben nicht der Fall, und es ist wundersam, wie zwar wohl richtig ein jeder Geist ‚seine' geistige Erde in sich ins Jenseits bringt; aber sowie sie sich aus ihm entwickelt, vereint sie sich augenblicklich auch mit aller Geister geistigen Erde, und es besteht darum nur *eine* geistige Erde, in allem der materiellen völlig ähnlich, — nur um vieles edler, ausgeprägter und vollendeter als die materielle für das Auge des Fleisches, das die großen Wunder im Bau der Atome nicht erschauen kann. Und darum ist die ‚geistige Erde' für uns auch ein ganz anderer Anblick, als für euch die materielle.

Unser Hin- und Herwandern ist natürlich auch ein anderes als bei euch, denn wir haben mit der materiellen Zeit und ihren Räumlichkeiten nichts zu tun. Wie bei uns aber das vor sich geht, das werde ich dir nächstens näher zeigen, und zwar auf eine leicht begreifliche Art. — Und so lebe nun wohl im Herrn.« —

(Am 4.März 1861) B: »Guten Morgen, und Gott zum Gruße! Nun fängt auf dieser Erde wieder das Frühjahr an, und es wird sicher ein recht gutes werden; denn wir merken das wohl an der besonderen Tätigkeit der Naturgeister, die sich nun gar bunt durcheinander zu tummeln anfangen. Es ist doch wahrlich sonderbar, in welchen Formen von der höchsten Mannigfaltigkeit und Verschiedenheit sie sich auf einmal wie durch einen Zauberschlag in unserer Ätherluft entwickeln, sich gruppieren und dann gleich tätig werden. Die höchste Verschiedenheit der zusammengemengten Formen und Gruppierungen stellen eine neue Form als ein neues Ganzes dar. Man sieht nun die neue Form, aber man sieht in ihr auch die einzelnen Spezialformen (*Sonderformen*) in ihrer wunderbar geordneten Verbindung, und das übertrifft weit alles, was man auf der Erde auch durch die vollendetsten Mikroskope sehen und entdecken kann. Denn was man mit den fleischlichen Augen sehen kann, das sind schon gefestete Formen, mindestens auf der zehnten Potenz der fortschreitenden Formen- und Wesenverbindung stehend. Es ist das gewisserart schon ein umhäutetes und eingepupptes Geistiges, das erst aus solch einer Puppe dann in der materiellen Welt in die entsprechende Erscheinlichkeit tritt. Aber welch eine Riesenmenge der seltensten Vorformungen und Zusammengruppierungen gehen in der geistigen Naturwelt einer obbenannten Einpuppung voran! Diese Tätigkeit der speziellen Naturgeister vor ihrer Ein-

puppung ist eigentlich das Wunderbarste, was wir Geister hier beobachten können, so wir dazu Lust und Liebe haben. Aber es geht hier bei uns zumeist auch so zu, wie auf der materiellen Erde unter den Menschen: wer nicht den schon für etwas Höheres geweckten Sinn mit herübergebracht hat, der hat auch hier keinen andern, als er ihn auf der Erde hatte. Der Gold- und Geldmensch bleibt auch hier ein Makler und Spekulant, so der Kaufmann, der Handwerker, der Landmann und so fort — ein jeder in seiner Art; und da heißt es wahrlich: Viele sind berufen, aber nur wenige auserwählt!

Ich weiß das von mir selbst, wie auch ich mich am Anfang meines Hierseins wieder hinein, d.h. in das Welthandeln zu drängen begann. Nur guten und hier schon wohlerfahrenen Freunden habe ich es zu danken, daß ich davon abkam und den eigentlichen und wahren Zweck meines Hierseins noch früh genug erkannte und mich nun auf einer höheren Stufe des reineren Erkennens und Schauens befinde. — Oh, es ist hier noch schwerer, sich von der falschen Materie loszuwinden, als auf der wirklichen materiellen Welt, und das Atheistentum ist hier noch ums Tausendfache mehr vertreten als auf der materiellen Welt, — und wer einmal darin steckt, der ist nach meiner bisherigen Erfahrung schwer oder, nach meinem Dafürhalten, schon gar nicht herauszubringen. — Ich habe mit derlei Geistern über, wie man sagt, transzendentale Dinge bei Gelegenheit zu reden angefangen, bekam aber gleich zur Antwort: ‚Sollen wir etwa auch hier noch den Pfaffen und Herrschern Narren abgeben? Seien wir froh, daß wir uns endlich einmal in einer solchen Welt befinden, in der ein jeder ein völlig freier Herr seines Platzes ist!' — Einen davon habe ich erst jüngst gefragt, ob er nicht dann und wann denke, daß der große Lehrer aus Nazareth etwa doch der Herr und Schöp-

fer aller Geister- und Sinnenwelt sein könnte. Nun, da habe
ich bald einpacken können, er machte Miene, roh und grob
zu werden, und machte derartige Äußerungen über den
Herrn, die ich hier nicht wiederholen möchte. Es ist mit
solchen Geistern nichts zu machen, das Beste ist, ihnen
nach Möglichkeit auszuweichen.

Ich habe den Herrn schon ein paarmal, aber nur von
einer gewissen Ferne, zu Gesichte bekommen und hatte
eine große Sehnsucht, Ihn zu sprechen. Aber es hat sich
das bis jetzt noch nicht gefügt. Mein Freund sagte mir,
daß Er ehest wieder kommen werde; — vielleicht fügt es
sich dann?« — — —

»Ewige Strafe« und »ewige Verdammnis« — gibt es sie?

In dem Jenseitswerk »Von der Hölle bis zum Himmel« (Jenseitsführung des Robert Blum), Bd.2, Kap.226/227, bittet ein jenseitiger fortgeschrittener Geist den Herrn um Aufklärung über die in allen christlichen Kirchen und Gemeinschaften vorkommenden Begriffe der »ewigen Strafe« und der »ewigen Verdammnis«. Er selbst hält eine ewige Strafe für »logisch«, wenn es andererseits eine ewige Belohnung gibt. Der Herr antwortet ihm:

»Mit allem, was Ich erschaffen habe, konnte ich doch unmöglich mehr als nur *einen* Zweck vor Augen haben. Da Ich Selbst das ewige Leben bin, so kann ich ja nie Wesen für den ewigen Tod erschaffen haben! Eine sogenannte Strafe, wo sie auch immer vorkommen mag, kann daher nur ein Mittel zur Erreichung des *einen* Grund- und Hauptzwecks, nie aber eines gleichsam feindseligsten Gegenzweckes sein. Daher auch von einer ‚ewigen Strafe‘ nie die Rede sein kann! (...)

Es steht wohl geschrieben von einem ‚ewigen Tode‘, welcher da ist ein ewig festes Gericht, und dieses Gericht geht hervor aus Meiner ewig unwandelbaren Ordnung. Diese aber ist das sogenannte ‚Zorn‘- oder besser ‚Eiferfeuer Meines Willens‘, der ganz natürlich für ewig also unwandelbar verbleiben muß, ansonst es mit allem Geschaffenen auf einmal völlig aus wäre.

Wer sich nun von der Welt und ihrer Materie hinreißen läßt (die doch notwendig gerichtet sein und bleiben muß, ansonst sie keine ‚Welt‘ wäre), der ist freilich so lange als ‚verloren‘ und ‚tot‘ zu betrachten, als er sich von der gerichteten Materie nicht trennen will. Es muß also der Geschaffenen wegen wohl ein ewiges Gericht, ein ewiges Feuer und einen also lautenden ewigen Tod geben. Aber daraus folgt nicht, daß ein im Gericht gefangener Geist so lange gefangen verbleiben soll, als dieses Gericht an und für sich dauern muß — so wenig wie auf Erden, so du ein allerfestestes Gefängnis erbaut hättest, die Gefangenen deshalb auch auf die ganze Dauer des Gefängnisses verurteilt werden sollen.

Ist denn *Gefängnis* und *Gefangenschaft* nicht für jedermann ersichtlich *zweierlei*? Das Gefängnis ist und bleibt freilich ewig, und das Feuer Meines Eifers darf nimmer erlöschen; aber die Gefangenen bleiben nur so lange im Gefängnis, bis sie sich bekehrt und gebessert haben!

Übrigens steht in der ganzen Schrift nicht eine Silbe von einer *ewigen* Verwerfung oder Verdammnis eines Geistes, sondern nur von einer ewigen Verdammnis der Nichtordnung gegenüber Meiner ewigen Ordnung, die notwenig ist, weil sonst nichts bestehen könnte. Das Laster als Unordnung oder Widerordnung ist wahrlich ewig verdammt, aber der Lasterhafte nur so lange, als er sich im Laster befindet. Also gibt es auch in aller Wahrheit eine ewige Hölle, aber keinen Geist, der seiner Laster wegen ewig zur Hölle verdammt wäre, sondern nur bis zu seiner Besserung! — Ich habe wohl zu den Pharisäern gesagt: ,Darum werdet ihr desto mehr oder eine desto längere Verdammnis überkommen!' — aber nie: ,Darum werdet ihr auf ewig verdammt werden!' — Verstehst du nun deine so gefährlich aussehenden Schrifttexte? Oder verstehst du etwas noch nicht?«

(*Spricht der Geist:*) »O Herr, was Du nun geredet hast, habe ich wieder ganz vollkommen verstanden. Aber einen einzigen Punkt in der Schrift verstehe ich noch nicht ganz. Und das ist die ,unübersteigliche Kluft' im Gleichnis vom armen Lazarus und dem reichen Prasser ...«

(*Der Herr:*) ...»Volenti non fit iniuria; wer es selbst also will, dem geschieht kein Unrecht! — Die Kluft aber bedeutet wieder den nie übersteigbaren Unterschied zwischen Meiner freiesten Ordnung in den Himmeln und der ihr in allem schnurgerade widerstrebenden Unordnung in der Hölle, also die *Unvereinbarkeit* der Ordnung und der Unordnung, nicht aber eine ewige Torsperre für denjenigen, der sich darin befindet. Amen.«

Eine ferne Frage.

Am 12.Januar 1842

Was dereinst mit den »Verdammten« *nach* der »Wiederbringung aller Dinge« geschehen wird, ist niemandem zu wissen gestattet. Solches weiß auch kein Engel — selbst der höchste fürs Licht geschaffene Geist nicht. Nur die Gottheit des Ewigen Vaters in Ihrer Heiligkeit sieht vorher die Schicksale aller Kreatur durch alle Ewigkeiten der Ewigkeiten; und jeder nach dem heiligen Willen Gottes in dieser übergeheimnisvollen Sache Erleuchtete aber erst in künftigen Zeiten.